Talk To Me In Korean
Workbook
Level 8

written by
Talk To Me In Korean

Talk To Me In Korean Workbook (Level 8)

1판 1쇄 · 1st edition published	2022. 3. 14.
1판 2쇄 · 2nd edition published	2023. 3. 6.

지은이 · Written by	Talk To Me In Korean
책임편집 · Edited by	선경화 Kyung-hwa Sun, 석다혜 Dahye Seok
디자인 · Designed by	선윤아 Yoona Sun, 이은정 Eunjeong Lee
삽화 · Illustrations by	까나리 존스 Sungwon Jang
녹음 · Voice Recordings by	선경화 Kyung-hwa Sun, 김예지 Yeji Kim, 유승완 Seung-wan Yu,
	선현우 Hyunwoo Sun, 최경은 Kyeong-eun Choi
펴낸곳 · Published by	롱테일북스 Longtail Books
펴낸이 · Publisher	이수영 Su Young Lee
편집 · Copy-edited by	김보경 Florence Kim
주소 · Address	04033 서울특별시 마포구 양화로 113, 3층(서교동, 순흥빌딩)
	3rd Floor, 113 Yanghwa-ro, Mapo-gu, Seoul, KOREA
이메일 · E-mail	TTMIK@longtailbooks.co.kr
ISBN	979-11-91343-41-0 14710

TTMIK - TALK TO ME IN KOREAN

Talk To Me In Korean Workbook Level 8

Contents

How to Use
the Talk To Me In Korean Workbook

This workbook is designed to be used in conjunction with the Talk To Me In Korean Level 8 lessons, which are available as both a paperback book and an online course at https://talktomeinkorean.com. Developed by certified teachers to help you review and reinforce what you have learned, each lesson in this workbook contains five to six activity sections chosen from five main review categories and 24 types of exercises.

Categories

1. Comprehension
2. Reading Comprehension
3. Listening Comprehension
4. Dictation
5. Speaking Practice

Types of Exercises

1. Complete the Sentence
2. Complete the Dialogue
3. Reading
4. Listening
5. Dictation
6. Listen & Repeat
7. Fill in the Blank
8. Conjugation Practice
9. Multiple Choice
10. Paraphrasing

Starting from this Level 8 workbook, which belongs to the advanced level, instructions for sections are provided in Korean, and their English translation is written underneath. Also, unlike the previous workbooks for beginners and inter- mediate learners, there is no separate vocabulary exercise at the beginning of each lesson. Instead, vocabulary words that have never appeared previously or in the current Talk To Me In Korean lesson are provided with their meaning at the end of each lesson. Also, the Listening Comprehension and Reading Comprehension categories appear in each lesson, where you can practice listening and understanding various material, such as conversations, radio shows, announcements, voice messages, news articles, text messages, diary entries, letters, and more. In the next two categories, Dictation and Speaking Practice, you review sample dialogues from the Talk To Me In Korean Level 8 grammar book. In the Answer Key, you can read the phonetic transcription of each dialogue, and phrases that are almost always pronounced like a single word can be seen written together without any spaces. You can download the available audio files from https://talktomeinkorean.com/audio or access the files conveniently through our audio mobile application, TTMIK: Audio.

Lesson 1.
Advanced Idiomatic
Expressions 1 (Part 1)

눈 (Eye)

Section I - Complete the Dialogue

상자에서 알맞은 말을 고르고, '-더라고요', '-것 같아요', '-거든요' 중에서 하나를 사용해서 밑줄 친 부분에 쓰세요.

Complete the dialogues by conjugating the appropriate phrase from the box with -더라고요, -것 같아요, or -거든요.

- 눈이 높다
- 눈 밖에 나다
- 눈앞이 캄캄하다
- 눈썰미가 좋다
- 눈을 붙이다
- 눈빛만 봐도 다 알다

---

1. 희주: 저, 부장님 _____.

   예지: 왜요?

   희주: 부장님이 저한테만 일을 시켜요.

   예지: 진짜요? 뭘 잘못했어요?

2. 두루: 동근 씨, 자다가 막 일어난 사람 같아요.

   동근: 아, 회의실에서 잠깐 _____.

   두루: 아, 진짜 자다가 일어났군요!

   동근: 네. 너무 졸려서 회의실에서 10분 잤어요.

3. 보람: 지나 씨는 소희 씨가 화장실에 가고 싶은지 어떻게 알았을까요?

   다혜: 둘은 _____.

   보람: 둘이 많이 친한가 봐요.

   다혜: 둘이 다섯 살때부터 친구잖아요.

4. 윤아: 시험 잘 봤어요?

   석진: 저 오늘 시험 보다가 졸았어요.

   윤아: 정말요? 그래서 어떻게 됐어요?

   석진: 시험 끝나기 10분 전에 일어났어요. 정말 _____.

5. 소희: 다혜 씨가 이 회사에 지원할까요?

   지나: 아니요. 다혜 씨는 더 좋은 회사에 지원할 것 같아요.

   소희: 그래요? 이 회사 큰 회사잖아요.

   지나: 아무리 커도 그 회사보다 더 좋아야 할 것 같아요.

   　　　왜냐하면 다혜 씨가 ＿＿＿＿＿＿＿＿＿＿＿＿＿＿＿＿.

6. 경화: 제가 만든 케이크예요.

   현우: 우와, 맛있겠다! 케이크 만드는 방법 배웠어요?

   경화: 아니요. 지난번에 경은 씨가 케이크 만드는 거 보고 따라 했어요.

   현우: 경화 씨는 정말 ＿＿＿＿＿＿＿＿＿＿＿＿＿＿＿＿.

Section II - Fill in the Blank

다음은 기사 제목들입니다. 알맞은 단어를 상자에서 골라 밑줄 친 부분에 쓰세요. 한 단어가 여러 번 사용될 수도 있고, 한 번도 안 사용될 수도 있습니다.

The following are the headlines of articles. Fill in the blanks with the most appropriate word from the box. Some words may be used more than once or not at all.

눈치	눈썰미	눈앞	눈꺼풀	눈	눈길	눈곱	눈빛

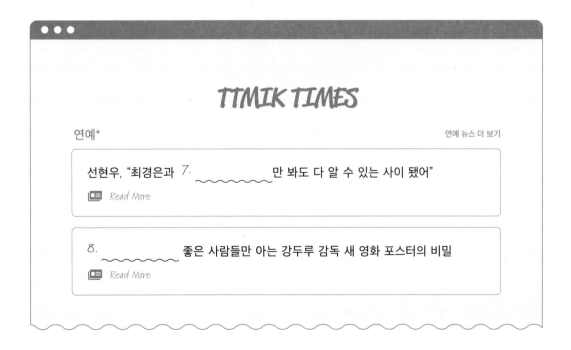

TTMIK TIMES

연예*　　　　　　　　　　　　　　　　　　　　　　　　　　　　연예 뉴스 더 보기

선현우, "최경은과 7. ＿＿＿＿＿＿＿ 만 봐도 다 알 수 있는 사이 됐어"
📰 Read More

8. ＿＿＿＿＿＿＿ 좋은 사람들만 아는 강두루 감독 새 영화 포스터의 비밀
📰 Read More

뮤지컬 배우 선경화, "집에서 매일 노래만 불러서 부모님 9. _____ 밖에
나기도 했죠"

📰 *Read More*

생활/문화

생활/문화 뉴스 더 보기

점심시간에 잠깐 10. _____ 붙이는 습관 중요해...

📰 *Read More*

11. _____ 높은 사람일수록 과소비하지 않아...

📰 *Read More*

하루에 손님 한 명 올 때도 있어... '12. _____ 이 캄캄'

📰 *Read More*

* 연예 = entertainment

Section III - Listening Comprehension

대화를 잘 듣고, 문제를 풀어 보세요. 대화는 두 번 들려 드립니다.

*Listen to the dialogue and answer the following questions. The dialogue will be
played twice.*

13. Did the man do well on the exam?

   a. 네.   *b.* 아니요.   *c.* 알 수 없어요.

14. Choose the correct statement(s) based on the dialogue.

   a. The woman is going to meet her professor, Cassie.

   b. The man is scared to meet his professor.

   c. The woman thinks that her professor will not like her.

   d. The man was often late for class.

   e. None of the above

Section IV - Dictation

대화를 잘 듣고 밑줄 친 부분에 알맞은 말을 쓰세요. 대화는 두 번 들려 드립니다.

Listen carefully and fill in the blanks. The dialogue will be played twice.

경은: 도와줘서 고마워. 혼자 하려고 하니까 15. _____.

현우: 아니야. 이걸 어떻게 혼자 해. 혼자 다 못 하지.

경은: 일하다가 피곤하면 16. _____ 알겠지?

현우: 응, 알겠어. 우리 조금만 더 힘내자!

Section V - Speaking Practice

Section IV의 대화를 한두 문장씩 들려 드리고, 긴 문장은 나누어서 들려 드립니다.
잘 듣고 따라 하세요. 완전한 대화문은 Answer Key에서 확인할 수 있습니다.

A native speaker will read the dialogue from Section IV one or two sentences at a time. If a sentence is too long, it may be split into two or three parts. Listen and repeat after each part. You can check out the complete dialogue in the Answer Key at the back of the book.

Vocabulary

막	just	연예	entertainment	포스터	poster	사실	actually
지원하다	to apply	사이	relationship, relations	뮤지컬	musical	지각	tardiness, being late
지난번	the last time, the other day	감독	director	점심시간	lunchtime	힘내다	to gain strength
				습관	habit		

Section I - Comprehension

질문을 잘 읽고 알맞은 정답을 고르세요.

Read the questions and choose the right answer for each.

1. Choose the awkward sentence.

   a. 눈 하나 깜짝할 사이에 사라졌어요.

   b. 일주일이 눈 깜짝할 사이에 지나갔어요.

   c. 눈 하나 깜짝하지 않고 그런 말을 했다고요?

   d. 눈 깜짝할 사이에 도망갔어요.

2. Choose the one that is closest in meaning to the underlined word.

   A: 우와, 경화 씨는 정말 아름다우시네요!

   B: 정말요? 고마워요.

   a. 눈이 깜짝하지 않게

   b. 눈이 마주치지 않게

   c. 눈이 부시게

   d. 눈이 아프게

3. Choose the one that is closest in meaning to the underlined word.

   우와, 캐시 씨 한국어 실력이 많이 늘었네요!

   a. 눈이 멀게

   b. 눈에 띄게

   c. 눈 밖에 나게

   d. 눈이 부시게

4. Choose the one that can fit in the blank.

> 그 나이의 아이들은 정말 귀여워서 ~~~~~~~~~~~~~~~~~~~~~~~~~~~~~~~~~~~~

    a. 눈을 마주쳐요

    b. 눈이 멀어요

    c. 눈 하나 깜짝하지 않아요

    d. 눈에 넣어도 아프지 않아요

5. Choose the one that can fit in the blank.

> 그 사람하고 ~~~~~~~~~~~~~~~~~~~~~~~~~~ , 창피해서 고개를 돌렸어요.

    a. 눈이 멀었는데

    b. 눈이 마주쳤는데

    c. 눈이 깜짝했는데

    d. 눈이 부셨는데

6. In the following situation, choose the appropriate expression that can go into B's speech balloon.

    a. 와, 사랑에 눈이 멀었네요.

    b. 와, 사랑에 눈 하나 깜짝하지 않네요.

    c. 와, 사랑에 눈이 부시네요.

    d. 와, 사랑에 눈앞이 캄캄하네요.

Section II - Reading Comprehension

데이빗의 일기를 읽고, 문제를 풀어 보세요.

Read David's diary and answer the questions.

20XX. 03.03.

오늘 한국어 수업 시간에 한국 전래 동화, '흥부와 놀부'를 배웠다. 흥부는 착한 동생의 이름이고, 놀부는 욕심 많은 형의 이름이다. 가난한 흥부한테는 _____ ㉠ _____ 열두 명의 아이들이 있었다. 흥부는 배고픈 아이들을 위해 놀부한테서 쌀을 빌리려고 했다. 하지만 욕심에 눈이 먼 놀부는 눈 하나 깜짝하지 않았다. 어느 날, 흥부가 다리를 다친 제비를 도와줬다. 제비는 흥부 가족한테 큰 선물을 줬고, 흥부 가족은 부자가 됐다. 이 이야기를 들은 놀부는 더 부자가 되고 싶었다. 그래서 제비의 다리를 일부러 부러뜨렸다. 그 벌로 놀부의 가족은 가난해졌다. '흥부와 놀부'는 욕심을 버리고 착하게 사는 것이 중요하다는 이야기이다. 한국 전래 동화를 배우면 한국 문화를 더 잘 알 수 있다. 친구들이 왜 욕심 많은 사람을 '놀부'라고 하는지 이제 알게 되었다. 빨리 다른 한국 전래 동화도 배우고 싶다.

* *Vocabulary*
한국 전래 동화 = *Korean folk tales*
벌 = *punishment*

---

7. Choose the one that can fit in the blank ㉠.

    a. 눈에 넣으면 아픈

    b. 눈에 넣어도 아프지 않을

    c. 눈이 부시는

    d. 눈에 띄는

8. Choose the correct sentence about the folk tale 흥부와 놀부.

    a. 놀부에게는 열두 명의 아이들이 있었다.

    b. 놀부는 흥부한테 쌀을 빌려주지 않았다.

    c. 놀부는 다리를 다친 제비를 도와줬다.

    d. 놀부는 욕심이 없었다.

9. These are the pictures of the story **흥부와 놀부**. Rearrange the following pictures according to the order of the story.

ⓐ

ⓑ

ⓒ

ⓓ

a. ⓐ – ⓑ – ⓒ – ⓓ   *b.* ⓐ – ⓒ – ⓑ – ⓓ

c. ⓑ – ⓒ – ⓓ – ⓐ   *d.* ⓑ – ⓓ – ⓒ – ⓐ

Section III - Listening Comprehension

다음은 인터뷰의 일부입니다. 잘 듣고 문제를 풀어 보세요. 대화는 두 번 들려 드립니다.

Listen carefully to an excerpt of an interview and answer the following questions. The dialogue will be played twice.

10. What does the man think is the secret to being able to be in a lot of movies?

     a. 잘생기지 않은 얼굴   *b.* 잘생긴 얼굴

     c. 친절한 성격   *d.* 불친절한 성격

11. Choose the correct statement according to the dialogue.

   a. The woman feels that the past two years have passed very slowly.

   b. The man and the woman see each other often.

   c. The woman is the interviewee, and the man is the interviewer.

   d. The man's character in the movie has a disease.

Section IV - Dictation

대화를 잘 듣고 밑줄 친 부분에 알맞은 말을 쓰세요. 대화는 두 번 들려 드립니다.

Listen carefully and fill in the blanks. The dialogue will be played twice.

현우: 예지 씨 조카들은 너무 귀여워서 12. _____!

예지: 네, 맞아요! 저를 보고 방긋방긋 웃을 때가 제일 사랑스러워요.

현우: 정말요? 저희 조카들은 13. _____.

예지: 현우 씨가 항상 괴롭히니까 울 수밖에 없죠!

Section V - Speaking Practice

Section IV의 대화를 한두 문장씩 들려 드리고, 긴 문장은 나누어서 들려 드립니다.
잘 듣고 따라 하세요. 완전한 대화문은 Answer Key에서 확인할 수 있습니다.

A native speaker will read the dialogue from Section IV one or two sentences at a time. If a sentence is too long, it may be split into two or three parts. Listen and repeat after each part. You can check out the complete dialogue in the Answer Key at the back of the book.

Vocabulary

사라지다	to disappear	다리	leg	주인공	main character	고향	hometown
한국 전래 동화	Korean folk tales	제비	swallow (bird)	2년 만이다	to have been two years	조카	niece/nephew
가난하다	to be poor	일부러	on purpose	편	piece	방긋방긋	with a smile
쌀	rice	부러뜨리다	to break	비결	secret, key	사랑스럽다	to be adorable
하지만	however	벌	punishment	겸손하다	to be humble	괴롭히다	to bug

Section I - Complete the Dialogue

상자에서 알맞은 표현을 고르고, '-기가 무섭게'나 '-기가 바쁘게'를 사용해서 밑줄 친 부분에 쓰세요.

Fill in the blanks by conjugating the expressions in the box using -기가 무섭게 or -기가 바쁘게.

- 침대에 눕다
- 제 말이 끝나다
- 용돈을 받다
- 물을 사다
- 공연이 끝나다
- 밥을 주다

---

1. 다혜: 보람 씨, 공연 잘 봤어요. 그런데 혹시 지나 씨 봤어요?

   보람: 지나 씨요? ＿＿＿＿＿＿＿＿＿＿＿＿＿＿ 밖으로 나갔어요.

2. 석진: 동근 씨가 저한테 화났나 봐요. ＿＿＿＿＿＿＿＿＿＿＿＿ 방으로 들어갔어요.

   준배: 그런 거 아니에요. 동근 씨 피곤해서 그래요.

3. 지나: 동생 때문에 걱정이에요. ＿＿＿＿＿＿＿＿＿＿＿＿＿＿ 돈을 다 써요.

   소희: 용돈이 너무 적은 거 아니에요?

4. 석준: 두루 씨 강아지는 ＿＿＿＿＿＿＿＿＿＿＿＿＿＿＿＿ 다 먹네요.

   두루: 아침을 일찍 줘서 배고팠나 봐요.

5. 경화: 현우 씨가 많이 피곤했나 봐요. ＿＿＿＿＿＿＿＿＿＿＿＿ 잠들었어요.

   경은: 아까부터 계속 하품하더라고요.

6. 예림: 우와, 승완 씨, ＿＿＿＿＿＿＿＿＿＿＿＿＿＿＿＿＿ 다 마셨네요.

   승완: 정말 목말랐거든요.

Section II - Reading Comprehension

다음은 뉴스 기사의 일부입니다. 잘 읽고 문제를 풀어 보세요.

The following is an excerpt of a news article. Read carefully and answer the questions.

TTMIK TIMES

'따뜻하고 신선한 토스트' 만들려고 매일 새벽 4시에 일어나

오전 8시, A 씨가 카페 문을 _____㉠_____ 손님들이 들어온다.

손님이 겨우 다섯 명 정도 들어갈 수 있을 정도로 작은 이 카페의 성공 비결은 무엇일까?

이곳을 찾는 손님들한테 아침부터 이 카페를 찾는 이유를 물었다.

"가격이 저렴해요."

"주문하기가 무섭게 토스트가 바로 나와요."

"일단 맛있어요."

저렴한 가격, 빠른 속도, 확실한 맛.

이 카페의 사장 A 씨가 가장 중요하게 생각하는 3가지이다.

이를 위해 A 씨는 매일 새벽 4시에 일어난다고 한다.

"저희 집 비결은 직접 구운 빵과 신선한 재료예요. 아침에 눈을 뜨기가 무섭게 나와서 새벽

시장에 가요. ㉡그리고 돌아오기가 무섭게 빵을 만들기 시작하죠."

* *Vocabulary*
저렴하다 = *to be inexpensive*
일단 = *firstly, once*

7. Choose the one that can fit in the blank ㉠.

    a. 열고

    b. 밀고

    c. 열기가 바쁘게

    d. 밀기가 바쁘게

8. Without changing the meaning of the sentence, rewrite the sentence ㉡ by using -기가 바쁘게 and -자마자.

    그리고 돌아오기가 무섭게 빵을 만들기 시작하죠.

    = 그리고 _____ 빵을 만들기 시작하죠.

    = 그리고 _____ 빵을 만들기 시작하죠.

9. The following is a conversation between three people who are talking about the article above. Choose the person who said the wrong thing.

> 경화: 우와, 주문하자마자 토스트가 바로 나온대. 따뜻해서 더 맛있겠다.
>
> 희주: 맞아. 그리고 일어나자마자 시장에 가는 게 정말 대단한 것 같아.
>
> 예림: 일어나자마자 시장에 가는 게 아니라 빵을 만들기 시작하는 거 아니야?
>
> 경화: 아니야. 시장에 갔다가 돌아오자마자 빵을 만들기 시작한다고 했어.

                                                      Answer: _____

Section III - Listening Comprehension

다음은 라디오 방송의 일부입니다. 잘 듣고 아래 문장이 맞으면 T를, 틀리면 F를 쓰세요. 두 번 들려 드립니다.

The following is an excerpt of a radio show. Listen carefully, and if the statement is true according to the show, write "T", if the statement is false, write "F". It will be played twice.

10. 희주의 강아지는 희주가 문을 열자마자 희주한테 달려간다. _____

11. 경은의 강아지는 경은이 문을 열자마자 경은한테 달려간다. _____

12. 희주는 보통 일이 끝나자마자 집에 가지는 않는다. _____

13. 경은은 오늘 일이 끝나자마자 집에 갈 것이다. _____

Section IV - Dictation

대화를 잘 듣고 밑줄 친 부분에 알맞은 말을 쓰세요. 대화는 두 번 들려 드립니다.

Listen carefully and fill in the blanks. The dialogue will be played twice.

경은: 주연 씨 어디 갔어요?

석진: 14. ～～～～～～～～～～～～～～～～～～～～.

경은: 아, 벌써요?

석진: 네. 친구 만난다고 15. ～～～～～～～～～～～～～～～.

Section V - Speaking Practice

Section IV의 대화를 한두 문장씩 들려 드리고, 긴 문장은 나누어서 들려 드립니다.
잘 듣고 따라 하세요. 완전한 대화문은 Answer Key에서 확인할 수 있습니다.

A native speaker will read the dialogue from Section IV one or two sentences at a time. If a sentence is too long, it may be split into two or three parts. Listen and repeat after each part. You can check out the complete dialogue in the Answer Key at the back of the book.

Vocabulary

공연	performance, show	목마르다	to be thirsty	비결	secret, key	사연	story, situation
화나다	to get angry	신선하다	to be fresh	이곳	this place	달려오다	to come running
용돈	allowance, pocket money	토스트	toast	일단	firstly, once	걱정되다	to be worried, to be concerned
침대	bed	새벽	dawn, daybreak	직접	in person, directly	느끼다	to feel
		겨우	only, just, barely	재료	ingredient		
하품하다	to yawn	성공	success	보통	usually	퇴근하다	to leave work, to get off work

Lesson 4.
Noun + that (someone) used to + verb
-(았/었/였)던

Section I - Conjugation Practice

상자에서 알맞은 단어를 고른 다음에 '-았/었/였던'을 사용해서 밑줄 친 부분에 쓰세요.

Choose the most appropriate word from the box and write it in the blank using -았/었/였던.

이야기하다	읽다	참다	먹다	가다	일하다

1. A: 경화 씨, 여행 잘 갔다 왔어요? _____ 곳 중에 어디가 제일 좋았어요?

   B: 저는 공원이 제일 좋았어요.

2. A: 아는 사람이에요?

   B: 네. 전에 같이 _____ 사람이에요.

3. A: 이 책 재미있어요?

   B: 네! 제가 _____ 이 사람 책 중에서는 이 책이 가장 재미있었어요.

4. A: 준배 씨, 무슨 좋은 일 있어요?

   B: 네. 룸메이트한테 그동안 _____ 말을 다 했어요.

5. A: 다혜 씨, 이 근처에서 _____ 것 중에 추천할 만큼 맛있는 거 있었어요?

   B: 네, 있었어요. 오늘 거기 가실래요?

6. A: 지나 씨, 우리 지난주에 _____ 거 준비했어요?

   B: 아니요. 아직 준비 못 했는데, 언제까지 준비해야 돼요?

Section II - Reading Comprehension

다음은 잡지 인터뷰의 일부입니다. 잘 읽고 문제를 풀어 보세요.

The following is an excerpt of a magazine interview. Read carefully and answer the questions.

TTMIK MAGAZINE

Q: 최경은 씨는 어렸을 때부터 꿈이 연예인 이었어요?

A: 아니요. 제가 진짜 조용한 편이었거든요.

Q: 정말요? 그럼 어떻게 데뷔하게 되셨어요?

A: 제가 일하던 카페에 감독님이 오셨어요. 저를 보자마자 감독님 드라마 주인공 해 보지 않겠냐고 물어보셨어요.

Q: 우와, 정말 갑자기 데뷔하셨네요. 부모님 도 놀라셨겠어요.

A: 맞아요. "너같이 조용한 애가 무슨 연예인 이야?" 이렇게 말씀하셨어요. ㉠조용던 애 가 갑자기 연예인을 한다고 하니까 많이 놀라셨죠.

Q: 요즘 정말 큰 사랑을 받고 계시잖아요. 어 떠세요?

A: 네. 요즘 정말 하루도 쉬는 날이 없어요. 그 렇지만 정말 감사한 일이에요.

Q: 우와, 정말 바쁘시군요. 마지막으로 휴가 가신 게 언제예요?

A: 마지막으로 휴가 ____㉡____ 게 언제인지 기억도 안 날 정도예요.

7. Correct the underlined part, ㉠, and write it in the blank.

㉠조용던 애가 갑자기 연예인을 한다고 하니까 많이 놀라셨죠.

➜ _____ 애가 갑자기 연예인을 한다고 하니까 많이 놀라셨죠.

8. Choose the word that cannot fit in the blank ㉡.

a. 간

b. 가던

c. 갔던

9. Choose the correct statement based on the interview.

a. 최경은은 지금 카페에서 일한다.

b. 최경은은 데뷔 전부터 지금까지 카페에서 일하고 있다.

c. 최경은은 데뷔 전에 카페에서 일했다.

Section III - Listening Comprehension

대화를 잘 듣고, 아래 문장이 맞으면 T를, 틀리면 F를 쓰세요. 대화는 두 번 들려 드립니다.

Listen to the dialogue and decide if the statement is true or false. Write "T" if the statement is true and "F" if it is false. The dialogue will be played twice.

* 개봉하다 = to be released (a movie)
* 홍대입구역 = Hongik Univ. Station

10. 남자는 여자하고 같이 영화를 봤다. _____

11. 여자는 전에 핸드폰으로 보던 영화를 어제 끝까지 다 봤다. _____

12. 남자는 요즘 홍대입구역에 자주 간다. _____

13. 홍대입구역 앞에 있는 햄버거 가게는 없어졌다. _____

Section IV - Dictation

대화를 잘 듣고 밑줄 친 부분에 알맞은 말을 쓰세요. 대화는 두 번 들려 드립니다.

Listen carefully and fill in the blanks. The dialogue will be played twice.

주연: 경화 씨, 이게 다 뭐예요?

경화: 14. _____ 누구 주려고요.

주연: 이 신발도요? 이거 경화 씨가 15. _____ ?

경화: 맞아요. 근데 어차피 가지고 있어도 안 신을 것 같아요.

Section V - Speaking Practice

Section IV의 대화를 한두 문장씩 들려 드리고, 긴 문장은 나누어서 들려 드립니다.
잘 듣고 따라 하세요. 완전한 대화문은 Answer Key에서 확인할 수 있습니다.

A native speaker will read the dialogue from Section IV one or two sentences at a time. If a sentence is too long, it may be split into two or three parts. Listen and repeat after each part. You can check out the complete dialogue in the Answer Key at the back of the book.

Vocabulary

룸메이트	roommate	연예인	celebrity	주인공	main character	홍대입구역	Hongik Univ. Station
그동안	meanwhile, in the meantime, so far	데뷔	debut	개봉하다	to be released (a movie)	가게	store
		감독	director				

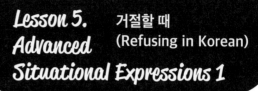

Lesson 5.
Advanced
Situational Expressions 1

거절할 때
(Refusing in Korean)

Section I - Complete the Dialogue

상자에서 가장 알맞은 표현을 골라 밑줄 친 부분에 쓰세요. 모든 표현은 한 번만 사용됩니다.

Choose the most appropriate expression from the box and write it in the blank. Each expression is used only once.

• 어려울 것 같아요   • 아니에요   • 안그러셔도 괜찮아요

• 됐어요   • 이러시면 곤란합니다

---

1. A: 지금 들어갈 수 있어요?

   B: 죄송합니다. 공연이 이미 시작돼서 들어가실 수 없습니다.

   A: 10분밖에 안 지났는데, 그냥 들어가면 안 돼요? 조용히 들어갈게요. 좀 비켜 보세요.

   B: _____. 1부 끝나고 쉬는 시간에만 들어가실 수 있습니다.

2. A: 석준 씨, 오늘 밤 열한 시에 라디오에 나온다고 했죠? 꼭 들을게요.

   B: _____. 너무 늦게 시작하잖아요.

   A: 내일 쉬는 날이어서 괜찮아요.

   B: 고마워요. 그럼 재밌게 들어 주세요.

3. A: 경화 씨, 이번 주 토요일에 같이 운동할래요?

   B: 이번 주 토요일이요? 토요일은 _____.

   A: 그럼 일요일은요?

   B: 일요일은 돼요. 그럼 일요일에 봐요.

4. A: 지나 씨, 오늘 같이 영화 못 볼 것 같아요.

   B: 네? 약속 10분 전에 취소하면 어떡해요?

   A: 미안해요. 다음에 같이 봐요.

   B: _____. 그냥 오늘 저 혼자 볼래요.

5. A: 경은 씨, 제가 지난주에 부탁했던 일이요. 바쁘면 다음에 해 줘도 괜찮아요.

   B: ＿＿＿＿＿＿＿＿＿＿＿＿＿＿＿＿＿. 지금 하고 있어요.

   A: 미안해요.

   B: 어려운 일도 아닌데 괜찮아요.

Section II - Reading Comprehension

데이빗의 일기를 읽고, 문제를 풀어 보세요.

Read David's diary and answer the questions.

20XX. 11. 20.

오늘은 한국어 수업 시간에 거절할 때 쓰는 표현들을 배웠다. "안 그러셔도 괜찮아요", "어려울 것 같아요" 같은 친절한 표현들이 많은 게 신기했다. (ⓐ   ) 아마 한국 사람들은 거절할 때 다른 사람의 기분을 많이 생각하는 것 같다. 전에 회사 부장님이랑 같이 밥을 먹었는데, 부장님이 "데이빗 씨, 좀 더 먹어요"라고 말했다. 그런데 "지금은 생각이 없어요", "   ㉠   " 같은 표현들을 몰라서 부장님한테 "싫어요"라고 말했다. (ⓑ   ) 부장님이 많이 놀라셨던 것 같다. (ⓒ   ) 어제 배운 표현 중에 가장 어려웠던 표현은 "지금은 좀 곤란합니다"였다. (ⓓ   ) 회사에서 자주 쓸 것 같다. 거절할 때 쓰는 말이 너무 많아서 어렵다. 그래도 열심히 공부해서 잘 쓰고 싶다.

* *Vocabulary*
신기하다 = *to find (it) interesting*

---

6. Choose the sentence that can fit in the blank ㉠.

   a. 어려울 것 같습니다.   b. 괜찮아요.

   c. 이러시면 좀 곤란합니다.   d. 안 그러셔도 괜찮아요.

7. Choose the most appropriate place for the sentence below.

   > 부탁한 것을 바로 해 줄 수 없을 때 쓸 수 있다고 했다.

   a. ⓐ   b. ⓑ   c. ⓒ   d. ⓓ

8. Choose whether the following sentence is correct or incorrect.

> David thinks that "괜찮아요" sounds kinder than "싫어요."

    a. Correct   b. Incorrect

Section III - Listening Comprehension

9. Listen to the three dialogues and choose the dialogue where 괜찮아요 is not used for refusal.

    a.   b.   c.

Section IV - Dictation

대화를 잘 듣고 밑줄 친 부분에 알맞은 말을 쓰세요. 대화는 두 번 들려 드립니다.

Listen carefully and fill in the blanks. The dialogue will be played twice.

석준: 다혜 씨, 저희랑 같이 점심 먹을래요?

다혜: 10. _____. 드시고 오세요.

석준: 점심 약속 있어요?

다혜: 아, 아니요. 11. _____.

Section V - Speaking Practice

Section IV의 대화를 한두 문장씩 들려 드리고, 긴 문장은 나누어서 들려 드립니다. 잘 듣고 따라 하세요. 완전한 대화문은 Answer Key에서 확인할 수 있습니다.

A native speaker will read the dialogue from Section IV one or two sentences at a time. If a sentence is too long, it may be split into two or three parts. Listen and repeat after each part. You can check out the complete dialogue in the Answer Key at the back of the book.

Vocabulary

시작되다 to begin, to start	꼭 surely, certainly, at any cost	취소하다 to cancel	신기하다 to find (it) interesting
지나다 to pass by		거절하다 to refuse	기분 feelings
	약속 promise, appointment	표현 expression	

Lesson 6.
It means...   -(ㄴ/는)다는 뜻이에요

Section I - Conjugation Practice

Review Level 8 Lesson 1 & Lesson 2 Idiomatic Expressions / 눈 (Eye)

상자 안에서 알맞은 문장을 고르고, '-(ㄴ/는)다는 뜻이에요'를 사용해서 밑줄 친 부분에 쓰세요.

Choose one of the sentences from the box and write it in the blank using -(ㄴ/는)다는 뜻이에요.

- 모습이 아주 아름답다   • 어떻게 해야 할지 전혀 모르겠다
- 조금도 놀라지 않다   • 아주 사랑스럽다
- 잠을 자다   • 한 번 본 것도 잘 기억하거나 똑같이 따라 할 수 있다

---

1. A: 눈을 붙인다는 말은 무슨 뜻이에요?

   B: ～～～～～～～～～～～～～～～～～～～～～～～～～～～～.

2. A: 눈에 넣어도 아프지 않다는 말은 무슨 뜻이에요?

   B: ～～～～～～～～～～～～～～～～～～～～～～～～～～～～.

3. A: 눈앞이 캄캄하다는 말은 무슨 뜻이에요?

   B: ～～～～～～～～～～～～～～～～～～～～～～～～～～～～.

4. A: 눈썰미가 좋다는 말은 무슨 뜻이에요?

   B: ～～～～～～～～～～～～～～～～～～～～～～～～～～～～.

5. A: 눈 하나 깜짝하지 않는다는 말은 무슨 뜻이에요?

   B: ～～～～～～～～～～～～～～～～～～～～～～～～～～～～.

6. A: 눈이 부시다는 말은 무슨 뜻이에요?

   B: ～～～～～～～～～～～～～～～～～～～～～～～～～～～～.

Section II - Reading Comprehension

소셜 미디어에 올라온 대화를 읽고, 문제를 풀어 보세요.

Read the following conversation on social media and answer the questions.

캐시
@cassie***

제 친구가 마지막에 한 말이 무슨 뜻이에요?

--- 20XX년 5월 30일 일요일 ---

캐시
은정아, 내일 시간 괜찮아?

은정
내일? 왜?

캐시
다음 주에 이사 간다고 했잖아. 내가 도와줄게.

은정
아, 괜찮아!

20XX/05/31 11:28

데이빗 @david***
'괜찮다'는 _____⊙_____

지나 @jina***
아니에요! 이때 '괜찮다'는 도와주지 않아도 된다는 뜻이에요.

데이빗 @david***
정말요? 한국어 수업 시간에 배웠는데, 선생님이 잘못 가르쳐 주셨어요?

지나 @jina***
아, 찬성할 때도 쓰지만 이렇게 거절할 때도 써요. 선생님이 틀린 거 아니에요.

 캐시 @cassie***
아, 그렇군요. 고마워요, 지나 씨!

 제임스 @james***
지나 씨, 저도 물어볼 게 있어요. 전에 친구가 "아니에요"라고 했어요. 그건 제가 틀렸다는 뜻이에요?

 지나 @jina***
상황에 따라 달라요. 그 전에 제임스 씨가 무슨 말을 했어요?

 제임스 @james***
음... 고맙다고 했어요.

 지나 @jina***
그럼 그때 '아니에요'는 고맙다고 할 만큼 대단한 일이 아니라는 뜻이에요.

제임스 @james***
그렇군요! 정말 고마워요!

* Vocabulary
찬성하다 = to agree

7. Choose the expression that best fits in the blank ㉠.

    a. 싫다는 뜻이에요   b. 싫는다는 뜻이에요

    c. 좋다는 뜻이에요   d. 좋는다는 뜻이에요

8. According to Jina's explanation, what is 은정 least likely to say right after "아, 괜찮아!"?

    a. 가족들이 도와줄 거야.   b. 몇 시에 올 거야?

    c. 너도 요즘에 바쁘지?   d. 별로 할 거 없어.

9. Choose the incorrect statement based on the conversation above.

    a. '아니에요'는 고맙다는 말을 들었을 때 쓸 수 있다.   b. '아니에요'는 상대방이 틀렸을 때 쓸 수 있다.

    c. '아니에요'는 괜찮다는 뜻이다.   d. '아니에요'는 고맙다는 뜻이다.

Section III - Listening Comprehension

다음은 온라인 강의의 일부입니다. 잘 듣고 문제를 풀어 보세요. 두 번 들려 드립니다.

Listen carefully to an excerpt of this online lecture and answer the following questions. It will be played twice.

10. Based on the lecture, what does the underlined sentence mean?

> A: 출발해도 되나요?
>
> B: 잠시만요! 아직 다 안 왔어요.
>
> A: 누가 안 왔어요?
>
> B: 석준 씨랑 경은 씨요.

    a. 아직 아무도 안 왔다.   *b.* 아직 안 온 사람이 있다.

11. Based on the lecture, what does the underlined sentence mean?

> A: 다혜야, 내일 뭐 해? 나랑 놀래?
>
> B: 내일은 안 될 것 같아. 어제 학원 끊었는데, 내일이 수업 첫날이야.
>
> A: 그렇구나. 그럼 다음에 같이 놀자.
>
> B: 그래.

    a. 학원을 등록했다.   *b.* 학원을 그만뒀다.

Section IV - Dictation

대화를 잘 듣고 밑줄 친 부분에 알맞은 말을 쓰세요. 대화는 두 번 들려 드립니다.

Listen carefully and fill in the blanks. The dialogue will be played twice.

경은: 석진 씨, 라이브 스트리밍*이 무슨 뜻이에요?

석진: 아, 12. _____ 생방송*을 13. _____.

경은: 그런 건 누가 할 수 있어요?

석진: 아무나 할 수 있어요.

경은: 그러면 저도 14. _____?

* 라이브 스트리밍 = *live streaming*

* 생방송 = *live broadcast*

Section V - Speaking Practice

Section IV의 대화를 한두 문장씩 들려 드리고, 긴 문장은 나누어서 들려 드립니다.
잘 듣고 따라 하세요. 완전한 대화문은 Answer Key에서 확인할 수 있습니다.

A native speaker will read the dialogue from Section IV one or two sentences at a time. If a sentence is too long, it may be split into two or three parts. Listen and repeat after each part. You can check out the complete dialogue in the Answer Key at the back of the book.

Vocabulary

모습	appearance, figure	잘못	wrong	이상	or more, and over	첫날	first day
사랑스럽다	to be lovable, to be adorable	찬성하다	to agree	살펴보다	to examine, to look at	등록하다	to register
		거절하다	to refuse	끊다	to register at, to quit	라이브 스트리밍	live streaming
이때	at this time, on this occasion	상대방	the receiver (in a conversation)			생방송	live broadcast

Section I - Complete the Dialogue

괄호에서 알맞은 단어를 골라 밑줄 친 부분에 쓰세요.

Fill in the blanks by choosing the most appropriate word in the parentheses.

1. (공통점, 차이점)

   다혜: 경은 씨랑 저의 _____ 은 둘 다 먹는 걸 좋아한다는 점이에요.

   현우: _____ 은요?

   다혜: 경은 씨는 매운 걸 좋아하고, 저는 싫어한다는 거예요.

2. (문제점, 원점)

   소연: 다시 _____ 으로 돌아가서 시작해야 될 것 같아요.

   동근: 정말요? 아직 _____ 을 못 찾았어요?

   소연: 네. 다시 시작하는 게 더 빠를 것 같아요.

3. (요점, 학점)

   승완: 경화 씨, 항상 A _____ 만 받는 비결이 뭐예요?

   경화: 그냥 수업 시간에 항상 집중하는* 거예요.

   승완: 에이, 그러지 말고 진짜 비결 좀 알려 주세요.

   경화: 진짜예요. 아! 그리고 저는 수업이 끝나자마자 항상 _____ 정리를 해요.

   * 집중하다 = *to concentrate*

4. (강점, 약점)

   윤아: 현우 씨, 현우 씨가 생각하는 현우 씨의 _____ 은 뭐예요?

   현우: 음... 항상 배우려고 하는 태도예요.

   윤아: 그럼 _____ 은요?

   현우: 없어요. 저는 완벽하거든요.

5. (초점, 점수)

지나: 우와, 석준 씨가 찍은 사진이에요?

석준: 네. 수업 과제예요.

지나: 정말 잘 찍었네요! 교수님이 좋은 _____ 주실 것 같아요.

석준: 안 그러실 것 같아요. 자세히 보면 _____ 이/가 안 맞거든요.

6. (단점, 장점)

두루: 동근 씨의 가장 큰 _____ 은 이야기를 재밌게 한다는 점이에요.

동근: 감사해요. 그런 이야기 많이 들어요.

두루: _____ 은 말이 너무 많다는 거예요.

동근: 지금 저 놀리는* 거예요?

* 놀리다 = to tease, to play a joke

Section II - Reading Comprehension

다음 칼럼을 읽고, 문제를 풀어 보세요.

Read the following column and answer the questions.

칼럼 >

[최경은 칼럼] 나만의 강점 찾기

❝ 나만의 강점을 찾아야 행복한 삶 살 수 있어
잘하는 일에 집중할 때 자신감도 높아져 ❞

최경은 TTMIK 대학교 교수
20XX. 05. 20. 00:00

나만의 강점을 찾아야 행복한 삶을 살 수 있다. 그런데 많은 사람들이 자신이 갖고 있는 강점보다는 약점에 더 많은 관심을 갖는다. 그렇지만 '못하는 걸 잘하려고 하는 것'보다 '잘하는 걸 더 잘할 수 있도록 하는 것'이 더 좋지 않을까? 잘하는 일에 집중할 때 자신감도 높아질 것이다.

강점을 찾는 건 생각보다 쉽다. 아래는 강점을 찾기 위한 질문들이다.

- 내가 가장 좋아하는 일은?
- 내가 가장 오랫동안 해 온 일은?
- 다른 사람이 나한테 가장 많이 하는 부탁은?
- 나의 장점은?
- _____ ⑦ _____ 이 생겼을 때 해결하는 나만의 방법은?

이 질문들에 답을 하면 나만의 강점을 찾을 수 있을 것이다. _____ ⓛ _____ 보다는
나만의 강점에 초점을 맞춰 행복한 삶을 살아 보자.

Vocabulary
칼럼 = column
자신감 = confidence

7. Choose the words that best fit in the blanks.

a. ⑦ 문제점　ⓛ 요점　　　　　b. ⑦ 요점　ⓛ 약점

c. ⑦ 요점　ⓛ 단점　　　　　d. ⑦ 문제점　ⓛ 약점

8. Write the names of people who are talking about the column correctly.

다혜: 못하는 걸 잘하고 싶은 사람은 이 칼럼을 읽어야 해.

지나: 아니야. 이미 가진 강점을 더 큰 강점으로 만들고 싶은 사람이 읽어야 해.

경화: 맞아. 그래서 이 칼럼에서는 먼저 자신의 강점을 찾으라고 하고 있어.

소희: 경화 말이 맞아. 이 칼럼에서는 강점을 찾는 건 어렵지만 그래도 강점을 찾아야 한다고
　　　이야기하고 있어.

Answer: _____

9. Choose the topic of the column.

a. 행복한 삶을 위해서는 자신의 약점을 잘 알아야 한다.

b. 행복한 삶을 위해서는 자신의 강점을 잘 알아야 한다.

c. 행복한 삶을 위해서는 문제점을 잘 해결하기 위해 노력해야 한다.

d. 행복한 삶을 위해서는 못하는 걸 더 잘하기 위해 노력해야 한다.

Section III - Listening Comprehension

다음은 큐레이터가 한 말의 일부입니다. 잘 듣고 아래 문장이 맞으면 T를, 틀리면 F를 쓰세요. 두 번 들려 드립니다.

Listen carefully to an excerpt of a curator's speech and if the statement is true, write "T," if the statement is false, write "F". It will be played twice.

* 시각 장애인 = *the visually-impaired*

10. 점자는 문자이다.

11. 점자는 점선으로 만든다.

12. 점자는 점으로 만든다.

13. 점자는 보통 아홉 개의 점을 사용한다.

Section IV - Dictation

대화를 잘 듣고 밑줄 친 부분에 알맞은 말을 쓰세요. 대화는 두 번 들려 드립니다.

Listen carefully and fill in the blanks. The dialogue will be played twice.

경화: 이번 과제는 14. _____ 에 대해서 쓰는 거예요.

현우: 정말 어렵네요.

경화: 맞아요. 15. _____ 에 따라 다를 것 같아요.

현우: 학점을 잘 받기 위해서는 너무 길게 쓰는 것보다 16. _____ 좋을 것 같아요.

Section V - Speaking Practice

Section IV의 대화를 한두 문장씩 들려 드리고, 긴 문장은 나누어서 들려 드립니다. 잘 듣고 따라 하세요. 완전한 대화문은 Answer Key에서 확인할 수 있습니다.

A native speaker will read the dialogue from Section IV one or two sentences at a time. If a sentence is too long, it may be split into two or three parts. Listen and repeat after each part. You can check out the complete dialogue in the Answer Key at the back of the book.

Vocabulary

비결	secret	태도	attitude
집중하다	to concentrate	완벽하다	to be perfect
정리	tidying up	과제	assignment

자세히	in detail	자신감	confidence
놀리다	to tease, to play a joke	오랫동안	for a long time
칼럼	column	시각 장애인	the visually-impaired

Lesson 8.
I hope…, I wish…
-(으)면 좋겠어요

Section I - Fill in the Blank

상자에서 알맞은 표현을 고르고, '-았/었/였으면 좋겠다'를 사용해서 시를 완성해 보세요. 모든 표현은
한 번만 사용됩니다.

Complete the poem by choosing the most appropriate expression from the box and conjugating it with -았/었/였으면
좋겠다. Each expression is used only once.

- 좋다
- 스무 살이다
- 살이 안 찌다
- 시험을 잘 보다
- 먹고살* 수 있다

---

* 먹고살다 = *to make a living*

아, 그랬으면 좋겠다.

아, 공부를 안 해도

1. ～～～～～～～～～～～～～～～～～～～～～～～～～～.

아, 매일 치킨을 먹어도

2. ～～～～～～～～～～～～～～～～～～～～～～～～～～.

아, 일을 안 해도

3. ～～～～～～～～～～～～～～～～～～～～～～～～～～.

아, 자고 일어나면

4. ～～～～～～～～～～～～～～～～～～～～～～～～～～.

아, 다 필요 없고
내일 날씨라도 5. ～～～～～～～～～～～～～～～～～～～～～～

아, 그랬으면 정말 좋겠네.

Section II - Writing Practice

상자에서 알맞은 단어를 고르고, '-았/었/였으면 좋겠다'를 사용해서 광고를 완성해 보세요. 모든 단어는 한 번만 사용됩니다.

Complete the advertisement by choosing the most appropriate word from the box and conjugating it with -았/었/였으면 좋겠다. Each word is used only once.

가지다	하다	사랑하다	쓰다	읽다

<딸아, 넌 이렇게 살았으면 좋겠다> 출간*!

20XX년
작가 최경은이
딸한테 전하는 메시지

엄마가 딸한테 바라는 열 가지!

매일 운동을 6. _____.

매일 일기를 7. _____.

책을 많이 8. _____.

혼자만의 시간을 9. _____.

⋮

너를 10. _____.

지금 바로 온라인 서점에서 만나 보세요.

* 출간 = publication

Section III - Reading Comprehension

다음은 룸메이트를 구하는 공고의 일부입니다. 잘 읽고 문제를 풀어 보세요.

The following is a roommate wanted ad. Read carefully and answer the questions.

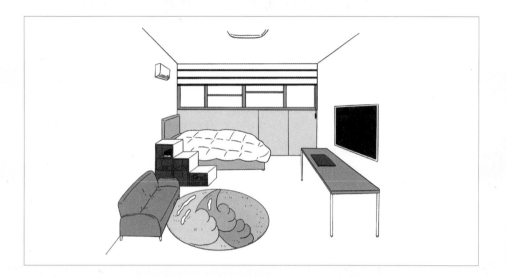

룸메이트를 구합니다!

안녕하세요.

○○대학교 앞에서 같이 살 여자 룸메이트를 구합니다.

아래 #1~#4를 먼저 읽어 보시고, 010-XXXX-XXXX로 연락 주세요.

#1. ○○대학교 학생이면 좋겠습니다. (저도 ○○대학교 학생이에요.)

#2. 청소를 같이 하면 좋겠습니다. 저는 청소를 매일 하거든요. 나눠서 같이 하면 좋겠습니다.

#3. 다른 사람을 집에 초대하지 않았으면 좋겠습니다. 혹시 가족이 올 때는 미리 ___ ㉠ ___
좋겠어요.

#4. 조용한 성격인 분이면 좋겠습니다. 제가 집에서 정말 조용히 있거든요. 집에서 큰 소리로
전화하거나 음악을 크게 ___ ㉡ ___ 좋겠습니다.

II. *Choose what you cannot find out about the writer from the ad.*

　a. 청소를 매일 한다.　　　b. 친구가 없다.　　　c. 조용하다.　　　d. ○○대학교에 다닌다.

12. Choose the phrases that best fit in the blanks.

a. ㉠ 말해 줬으면 ㉡ 틀었으면

b. ㉠ 안 말해 줬으면 ㉡ 틀지 않았으면

c. ㉠ 안 말해 줬으면 ㉡ 틀었으면

d. ㉠ 말해 줬으면 ㉡ 틀지 않았으면

13. The following is a conversation between three people who are talking about the ad above. Choose the person who was <u>wrong</u>.

> 은경: 룸메이트 공고* 봤어요? 저는 전화해 보려고요. 집에서 음악을 크게 틀어 놓는 편이어서 공
> 고에 써 있는 조건이랑 딱 맞아요.
>
> 보람: 저는 친구들이 집에 자주 찾아오는 편이어서 안 될 것 같아요.
>
> 윤아: 저도요. 그리고 저는 매일 청소하고 싶지 않아요.   * 공고 = notice, ad

Answer: ＿＿＿＿＿＿＿＿＿＿

Section IV - Listening Comprehension

대화를 잘 듣고, 문제를 풀어 보세요. 대화는 두 번 들려 드립니다.

Listen to the dialogue and answer the following questions. The dialogue will be played twice.

* 편의점 = convenience store
* 귀찮다 = to be lazy, to be bothered to do something

14. Choose the <u>incorrect</u> statement according to the dialogue.

a. 남자는 새 사무실 앞에 편의점이 있기를 바란다.

b. 남자는 새 사무실이 헬스장과 가깝기를 바란다.

c. 여자는 새 사무실이 지하철역과 가깝기를 바란다.

d. 여자는 새 사무실 화장실이 깨끗하기를 바란다.

15. Choose the best office location for them.

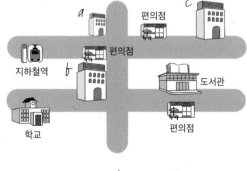

a.   b.   c.

Section V - Dictation

대화를 잘 듣고 밑줄 친 부분에 알맞은 말을 쓰세요. 대화는 두 번 들려 드립니다.

Listen carefully and fill in the blanks. The dialogue will be played twice.

주연: 16. _____ .

예지: 맞아요. 오늘이 17. _____ 아직도 목요일이에요.

주연: 아... 일주일에 4일만 일했으면 좋겠다!

예지: 그래도 내일 하루만 더 출근하면 주말이니까 우리 힘내요.

Section VI - Speaking Practice

Section V의 대화를 한두 문장씩 들려 드리고, 긴 문장은 나누어서 들려 드립니다.
잘 듣고 따라 하세요. 완전한 대화문은 Answer Key에서 확인할 수 있습니다.

A native speaker will read the dialogue from Section V one or two sentences at a time. If a sentence is too long, it may be split into two or three parts. Listen and repeat after each part. You can check out the complete dialogue in the Answer Key at the back of the book.

Vocabulary

살	weight, fat	작가	writer	구하다	to look for	지하철역	subway station
찌다	to gain	전하다	to convey, to deliver	미리	beforehand, in advance	귀찮다	to be lazy, to be bothered to do something
먹고살다	to make a living	일기	diary	틀다	to turn on		
딸	daughter	룸메이트	roommate	찾아오다	to come visit	힘내다	to gain strength
출간	publication	공고	notice, ad	편의점	convenience store		

Lesson 9.
Past Tense (Various Structures)
과거 시제 총정리

Section I - Complete the Sentence

A와 B에서 각각 가장 알맞은 표현을 골라 문장을 완성해 보세요. 모든 표현은 한 번만 사용됩니다.

Complete each sentence by taking a word from column A and conjugating it with the sentence ending from column B. Each word and grammar point is used only once.

A	B
• 먹다	• -았/었/였었어요
• 오다	• -고는 했어요
• 보다	• -(으)ㄹ 뻔했어요
• 지각하다	• -아/어/여 봤어요
• 일하다	• -(으)ㄴ 적 있어요/없어요

1. 밤 늦게까지 TV를 ＿＿＿＿＿＿＿＿＿＿＿＿＿＿＿.

= I used to stay up late at night watching TV.

2. 여기 ＿＿＿＿＿＿＿＿＿＿＿＿＿＿＿＿.

= I have not been here before.

3. 저도 김치찌개 ＿＿＿＿＿＿＿＿＿＿＿＿＿.

= I have tried kimchi stew too.

4. 늦게 일어나서 수업에 ＿＿＿＿＿＿＿＿＿＿＿.

= I got up late, so I was almost late for class.

5. 전에 이 회사에서 ＿＿＿＿＿＿＿＿＿＿＿＿.

= I used to work for this company.

Section II - Reading Comprehension

다음은 뉴스 기사의 일부입니다. 잘 읽고 문제를 풀어 보세요.

The following is an excerpt of a news article. Read carefully and answer the questions.

TTMIK TIMES

⊙

"오늘 엄마가 햄버거 가게에 갔는데, 무인 주문기 사용 방법을 몰라서 그냥 집으로 돌아왔다고 해요. 이 이야기 하다가 엄마가 울었어요. 너무 속상하네요."

지난 10일 인터넷에 올라온 글이다. 이 글에 수천 개의 댓글로 비슷한 일이 있었다는 이야기가 이어졌다.

요즘에는 식당, 카페, 영화관, 병원 등 대부분의 곳에서 무인 주문기를 볼 수 있다. 40~60세 10명 중 7명은 무인 주문기 사용이 어렵다고 말한다.

"무인 주문기 때문에 가게에 가는 게 걱정돼요. 주문하는 게 어려워서 그냥 ＿＿＿＿ ⓛ ＿＿＿＿."

댓글에는 반성한다는 이야기도 많았다.

"이 글을 보니까 핸드폰 사용을 어려워하는 엄마가 생각나요. 엄마가 '핸드폰이 좀 이상한 것 같아'라고 이야기할 때 '나 지금 바빠. 인터넷으로 알아봐'라고 말하고는 했는데, 너무 죄송하네요."

---

* Vocabulary

무인 주문기 = kiosk	수천 = thousands	이어지다 = to continue
속상하다 = to feel bad	댓글 = comment	반성하다 = to reflect on

6. Choose the one that can fit in the blank ⓛ.

    a. 들어간 적도 있어요

    b. 먹은 적도 있어요

    c. 나온 적도 있어요

    d. 쓴 적도 있어요

7. Choose the correct statement based on the news article.

    a. 나이가 많은 사람들은 가게에 가는 것을 어려워한다.

    b. 나이가 어린 사람들도 가게에 가는 것을 어려워한다.

    c. 나이가 어린 사람들도 무인 주문기 사용을 어려워한다.

    d. 나이가 많은 사람들은 무인 주문기 사용을 어려워한다.

8. Choose the appropriate title for the blank ⓐ.

    a. 40~60세 10명 중 7명, '무인 주문기'… 사용한 적 있어

    b. 40~60세 10명 중 7명, '무인 주문기'… 사용 힘들어

    c. 40~60세 10명 중 7명, '무인 주문기'… 사용해 봤어

    d. 40~60세 10명 중 7명, '무인 주문기'… 사용할 뻔했어

Section III - Listening Comprehension

대화를 잘 듣고, 아래 문장이 맞으면 T를, 틀리면 F를 쓰세요. 대화는 두 번 들려 드립니다.

Listen to the dialogue and decide if the statement is true or false. Write "T" if the statement is true and "F" if it is false. The dialogue will be played twice.

* 신기하다 = to be interesting

9.   여자는 석진이 쓴 만화책을 좋아했다. ~~~~~~

10. 여자는 만화책을 쓴 사람이 누군지 모르고 있었다. ~~~~~~

11.   요즘 석진은 만화책을 쓰느라고 바쁘다. ~~~~~~

12. 남자는 석진이 만화책을 썼다는 이야기를 듣고 너무 놀라서 소리를 질렀다. ~~~~~~

13. 석진은 그림을 배운 적이 있다. ~~~~~~

Section IV - Dictation

대화를 잘 듣고 밑줄 친 부분에 알맞은 말을 쓰세요. 대화는 두 번 들려 드립니다.

Listen carefully and fill in the blanks. The dialogue will be played twice.

보람: 우와! 동근 씨, 그림을 정말 잘 그리시네요! 그림 배운 적 있어요?

동근: 네, 어릴 때 14. _____. 주말마다 아빠랑 같이 그림을 15. _____.

보람: 그렇구나! 그림이 너무 예뻐서 한참 봤어요.

동근: 감사해요. 오랜만에 어릴 때 생각이 나서 16. _____.

Section V - Speaking Practice

Section IV의 대화를 한두 문장씩 들려 드리고, 긴 문장은 나누어서 들려 드립니다.
잘 듣고 따라 하세요. 완전한 대화문은 Answer Key에서 확인할 수 있습니다.

A native speaker will read the dialogue from Section IV one or two sentences at a time. If a sentence
is too long, it may be split into two or three parts. Listen and repeat after each part. You can check
out the complete dialogue in the Answer Key at the back of the book.

Vocabulary

속상하다	to feel bad	이어지다	to continue
지나다	to pass by	대부분	most (of)
올라오다	to come up	걱정되다	to be worried
수천	thousands	반성하다	to reflect on
댓글	comment		

어려워하다	to find something difficult
생각나다	to bring to mind, to think of, to be reminded of
글쎄요.	I'm not sure.

신기하다	to be interesting
놀랍다	to be surprising
사실	fact
그림	drawing, picture

Lesson 10.
Advanced
Idiomatic Expressions 2

귀 (Ear)

Section I - Complete the Dialogue

상자 안에서 가장 알맞은 표현을 고르고 괄호 안의 문법을 사용해서 밑줄 친 부분에 쓰세요. 모든 표현은
한 번만 사용됩니다.

Fill in the blanks by conjugating the most appropriate expression from the box with the grammar point in the parentheses.

Each expression is used only once.

• 귀먹다	• 귀가 얇다	• 귀를 기울이다
• 귀에 대고 속삭이다	• 귀가 간지럽다	• 귀에 못이 박히도록 듣다
• 귀가 밝다		

1. 소희: 은경 씨, 다음 주에 회사를 그만둔다고요?

   은경: 그걸 소희 씨가 어떻게 알았어요?

   소희: 아까 석준 씨랑 이야기하는 거 들었어요.

   은경: 정말 작은 소리로 얘기했는데... 소희 씨 정말 ～～～～～～～～～～～～～～～ (-네요).

2. 소연: 다혜 씨, 무슨 걱정 있어요?

   다혜: 네. 이번 방학이 중요하다는 얘기를 ～～～～～～～～～～～～ (-(으)ㄴ/는데), 공부를
   하나도 못 했어요.

   소연: 아직 일주일 남았잖아요. 일주일이라도 열심히 하면 돼요.

   다혜: 네, 그래야 할 것 같아요.

3. 희주: 저기요, 발로 차지 좀 마세요.

   연우: 네?

   희주: ～～～～～～～～～～～～ (-았/었/였어요)? 발로 차지 말라고요.

   연우: 아, 제가 발로 차고 있는지 몰랐어요. 죄송합니다. 근데 말씀이 좀 심하시네요.

4. 경은: 동근 씨, 두루 씨! 여기 있었네요.

   동근: 경은 씨! 마침 잘 왔어요.

두루: 우리 경은 씨 이야기하고 있었거든요.

경은: 아, 정말요? 어쩐지 <u>   </u> (-더라고요).

5. 준배: 예지 씨, 저랑 같이 수영 배울래요?

예지: 지난주에는 탁구 배울 거라고 하지 않았어요? 또 다른 사람 말 듣고 마음이 바뀌었어요?

준배: 어떻게 알았어요?

예지: 준배 씨 <u>   </u> (-잖아요).

6. 예림: 승완 씨, 우리 시험 언제예요?

승완: 다음 주 월요일이요.

예림: 그럼 과제는 언제까지 제출해야 돼요?

승완: 그것도 다음 주 월요일이요. 예림 씨, 교수님이 말씀하실 때 좀 <u>   </u> (-아/어/여서) 들으세요.

7. 보람: 오늘 버스 안에서 시끄럽게 전화하는 사람 때문에 잠을 못 잤어요.

윤아: 원래 시끄러운 곳에서 잠 못 자요?

보람: 네. 그래서 버스 안에서 시끄러운 사람이 제일 싫어요.

윤아: 아, 그래서 지난번에 저랑 얘기할 때 계속 <u>   </u> (-았/었/였군요)!

Section II - Reading Comprehension

한 인터넷 게시판에 올라온 글과 댓글들을 읽고, 문제를 풀어 보세요.

Read the following conversation on an online forum and answer the questions.

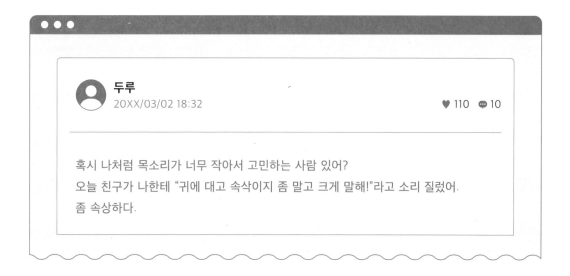

두루
20XX/03/02 18:32
♥ 110 💬 10

혹시 나처럼 목소리가 너무 작아서 고민하는 사람 있어?
오늘 친구가 나한테 "귀에 대고 속삭이지 좀 말고 크게 말해!"라고 소리 질렀어.
좀 속상하다.

석준

정말? 속상했겠다. 나는 오히려 목소리가 너무 커서 "나 ㉠귀먹었으니까 좀 작게 말해."
라는 말 들은 적 있는데. ㅋㅋ

↳ **두루** 나는 목소리 작은 사람만 힘든 줄 알았는데, 너도 힘들겠다.

승완

너무 속상해하지 마. 친구가 오늘 무슨 일이 있었나 보다.

↳ **경은** 맞아, 맞아. 대신 너는 다른 사람 이야기를 _____ ㉡ _____
잘 듣잖아.

↳ **승완** 맞아. 그게 두루의 장점이지.

↳ **두루** 어렸을 때부터 크게 좀 말하라는 얘기를 ㉢귀에 못이 박히도록 들어서
더 속상한 것 같아. 고치려고 노력했는데 잘 안되네.

은정

친구가 말이 너무 심했네.

↳ **두루** 오늘 무슨 일이 있었나 봐.

↳ **은정** 내일 다시 친구랑 얘기해 봐. 근데 오늘 그 친구 귀가 좀 간지럽겠다.

↳ **두루** _____ ㉣ _____ . 아무튼 고마워, 은정아.

Vocabulary
속상하다 = *to be upset*
오히려 = *rather*

8. Correct the underlined part, ㉠, based on the context.

나 ㉠귀먹었으니까 좀 작게 말해.

➜ 나 _____ 좀 작게 말해.

9. Choose the phrase that best fits in the blank ㉡.

a. 귀를 밝게 해서   b. 귀를 얇게 해서   c. 귀를 기울여서   d. 귀를 간지럽게 해서

10. Choose the word that can be replaced with ©.

    a. 가끔   *b.* 별로   *c.* 전혀   *d.* 많이

11. Choose the sentence that best fits in the blank @.

    a. 아니야. 내 친구 귀 잘 씻어.   *b.* ㅎㅎㅎㅎ 그럴 것 같아.

    c. 진짜? 어떻게 알았어?   *d.* ㅎㅎㅎㅎ 그랬으면 좋겠다.

Section III – Listening Comprehension

12. Listen to the three sentences and choose the awkward one.

    a.   *b.*   *c.*

Section IV – Dictation

대화를 잘 듣고 밑줄 친 부분에 알맞은 말을 쓰세요. 대화는 두 번 들려 드립니다.

Listen carefully and fill in the blanks. The dialogue will be played twice.

예지: 석준 씨가 어제 또 에어컨 안 끄고 퇴근했더라고요.

캐시: 또요? 예지 씨가 그렇게 귀에 못이 박히도록 얘기했는데도요?

예지: 네. 제 말에 13. ~~~~~~~~~~~~~~~~~~~~~~~~~~~~.

캐시: 근데 좀 조용히 이야기해야 될 것 같아요. 석준 씨가 14. ~~~~~~~~~~~~~~~~~~~~~~~~~.

Section V – Speaking Practice

Section IV의 대화를 한두 문장씩 들려 드리고, 긴 문장은 나누어서 들려 드립니다.
잘 듣고 따라 하세요. 완전한 대화문은 Answer Key에서 확인할 수 있습니다.

A native speaker will read the dialogue from Section IV one or two sentences at a time. If a sentence is too long, it may be split into two or three parts. Listen and repeat after each part. You can check out the complete dialogue in the Answer Key at the back of the book.

Vocabulary

차다	to kick	과제	assignment	고민하다	to be concerned, to agonize	안되다	to not go well
심하다	to be harsh	원래	original, originally			아무튼	anyway
마침	just, just in time	목소리	voice	속상하다	to be upset	퇴근하다	to leave work
바뀌다	to be changed			오히려	rather	엄청	very, much

Lesson 11.
Sentence Building Drill #12

Section I - Comprehension

밑줄 친 부분에 들어갈 말로 적절하지 않은 것을 고르세요.

Choose the phrase that cannot fit in the blank.

1. 아마 내일도 비가 올 것 같은데, ~~~~~~~~~~~~~~~~~~~~~.

   a. 비가 안 왔으면 좋겠어요   b. 날씨가 좋았으면 좋겠어요

   c. 빨리 갔으면 좋겠어요

2. ~~~~~~~~~~~~~~~~~~~~~~~~~, 그만했으면 좋겠어요.

   a. 다혜 씨가 좋아할 것 같은데   b. 다혜 씨 곧 울 것 같은데

   c. 다혜 씨가 다칠 것 같은데

3. ~~~~~~~~~~~~~~~~~~~~~~~~~, 오늘 아침에 일찍 일어나서, 너무 피곤해요.

   a. 저는 원래 잠이 많은데   b. 어제 일찍 잔 데다가

   c. 어젯밤에 운동을 한 데다가

4. 날씨도 좋은 데다가, 휴일이어서, ~~~~~~~~~~~~~~~~~~~~~

   a. 공원에 사람들이 많을 것 같아요   b. 카페 문을 열기가 무섭게 손님들이 들어왔어요

   c. 눕기가 무섭게 잠들었어요

5. 제가 입던 옷인데, ~~~~~~~~~~~~~~~~~~~~~

   a. 어차피 작아져서 못 입어요   b. 어차피 매일 입을 거예요

   c. 어차피 지나 씨 주려고 했어요

6. ~~~~~~~~~~~~~~~~~~~~~~~, 어차피 다 못 읽을 것 같아요.

   a. 제가 좋아했던 책인데   b. 제가 읽던 책인데

   c. 제가 빌렸던 책인데

Section II - Complete the Dialogue

Word Bank와 Grammar Bank에서 각각 가장 알맞은 표현을 골라 밑줄 친 부분에 쓰세요. 모두 한 번만 사용됩니다.

Fill in the blanks by choosing the most appropriate word or phrase from the Word Bank and conjugating it with the most appropriate grammar point from the Grammar Bank. Each one is used only once.

Word Bank

- 시작하다
- 퇴근하다
- 필요 없다
- 바쁘다
- 쓰다

Grammar Bank

- -았/었/였으면 좋겠어요
- -기가 무섭게
- -던
- -(으)ㄴ/는 데다가
- -(으)ㄹ 것 같아요

현우: 다혜 씨, 원래 퇴근하고 매일 운동했어요?

다혜: 아니요. 예전에는 일도 늦게 끝나는 데다가, 잘 시간도 부족해서, 7. _____
침대에 누웠었어요. 건강해지고 싶어서 월요일부터 매일 운동하기 시작했어요.

현우: 잘했어요. 매일 운동하면 훨씬 건강해질 거예요.

다혜: 맞아요. 그런데 운동을 처음 해 봐서 어떻게 해야 하는지 잘 모르겠어요.

현우: 일단 이 고무 밴드로 시작해 보세요. 제가 사용 방법 알려 줄까요?

다혜: 네, 고마워요. 그런데 이 고무 밴드 저한테 줘도 괜찮아요?

현우: 제가 자주 8. _____ 건데, 어차피 저는 다른 운동을 더 많이 해서
9. _____

다혜: 고마워요. 참, 현우 씨 내일은 뭐 해요? 같이 운동할래요?

현우: 아, 미안해요. 내일은 서점에 가야 돼요.

다혜: 서점은 왜요?

현우: 독일어 책 사려고요.

다혜: 아, 현우 씨 독일어 배울 거라고 했었죠?

현우: 네. 다음 달부터 학원 다닐 건데, 빨리 10. _____

다혜: 우와, 현우 씨 정말 부지런하네요.

현우: 아니에요. 그동안 11. _____, 집에 가면 아이들이랑 놀아 줘야 돼서 공부를
많이 못 했어요. 오랜만에 공부하려고 하는 거예요.

Section III - Listening Comprehension

제이슨의 일기를 듣고, 아래 문장이 맞으면 T를, 틀리면 F를 쓰세요. 두 번 들려 드립니다.

Listen to Jason's diary and decide if each statement is true or false. Write "T" if the statement is true and "F" if it is false. It will be played twice.

12. 제이슨 씨가 갈아입은 옷은 석준 씨가 요즘 자주 입는 옷이다. _____

13. 제이슨 씨랑 석준 씨는 오래 걸어서 배가 고팠다. _____

14. 제이슨 씨랑 석준 씨는 저녁을 천천히 먹었다. _____

Section IV - Dictation

대화를 잘 듣고 밑줄 친 부분에 알맞은 말을 쓰세요. 대화는 두 번 들려 드립니다.

Listen carefully and fill in the blanks. The dialogue will be played twice.

경은: 내일 일찍 퇴근해야 해서, 일을 빨리 15. _____ 좋겠어요.

현우: 일이 많아요? 그럼 경은 씨 업무를 저한테 좀 주세요. 저는 내일 할 일도 16. _____,

　　　늦은 시간에 약속이 있어서 어차피 사무실에 늦게까지 있을 것 같아요.

경은: 정말요? 그럼 이거 제가 하던 업무인데, 내일 마무리해* 줄 수 있어요?

현우: 와, 17. _____ 부탁하시네요! 네, 제 메일로 보내 주세요.

* 마무리하다 = to finish, to wrap up

Section V - Speaking Practice

Section IV의 대화를 한두 문장씩 들려 드리고, 긴 문장은 나누어서 들려 드립니다.
잘 듣고 따라 하세요. 완전한 대화문은 Answer Key에서 확인할 수 있습니다.

A native speaker will read the dialogue from Section IV one or two sentences at a time. If a sentence is too long, it may be split into two or three parts. Listen and repeat after each part. You can check out the complete dialogue in the Answer Key at the back of the book.

Vocabulary

퇴근하다	to leave work	고무	rubber	오랜만에	after a long time, first time in a long while	업무	business, work, task
침대	bed	밴드	band			약속	promise, plans
일단	firstly, once	그동안	for a while, so far	갈아입다	to change clothes	마무리하다	to finish, to wrap up
				하루 종일	all day long		

Lesson 12.
Present Tense
(Various Structures)

현재 시제 총정리

Section I - Complete the Sentence

A와 B에서 각각 가장 알맞은 표현을 골라 문장을 완성해 보세요. 모든 표현은 한 번만 사용됩니다.

Complete each sentence by taking a word from column A and conjugating it with the sentence ending from column B. Each word and grammar point is used only once.

A		B	
• 주차하다	• 들어 보다	• -시- + -어요	• -고 싶어요
• 하다	• 비싸다	• -고 있어요	• -(으)ㄹ 수 있어요
• 나가다	• 가다	• -(으)ㄹ 수도 있어요	• -아/어/여야 돼요
• 알다	• 이상하다	• -(으)ㄴ 것 같아요	• -지 않아요

1. 오늘은 밖에 ~~_____~~.

    = I want to go outside today.

2. 여기 ~~_____~~?

    = Can I park here?

3. 이거 먼저 ~~_____~~.

    = I need to do this first.

4. 생각보다 ~~_____~~.

    = It is not as expensive as you think.

5. 이거 맛이 ~~_____~~.

    = I think this tastes strange.

6. 석진 씨가 ~~_____~~.

    = Seokjin might know.

7. 제 말 좀 〰〰〰〰〰〰〰〰〰〰〰〰〰〰〰〰〰〰〰 .

    = Listen to me.

8. 지금 〰〰〰〰〰〰〰〰〰〰〰〰〰〰〰〰〰〰〰〰〰 .

    = I am coming now.

Section II - Reading Comprehension

다음은 TTMIK 웹사이트 광고의 일부입니다. 잘 읽고 문제를 풀어 보세요.

The following is an advertisement for the TTMIK website. Read carefully and answer the questions.

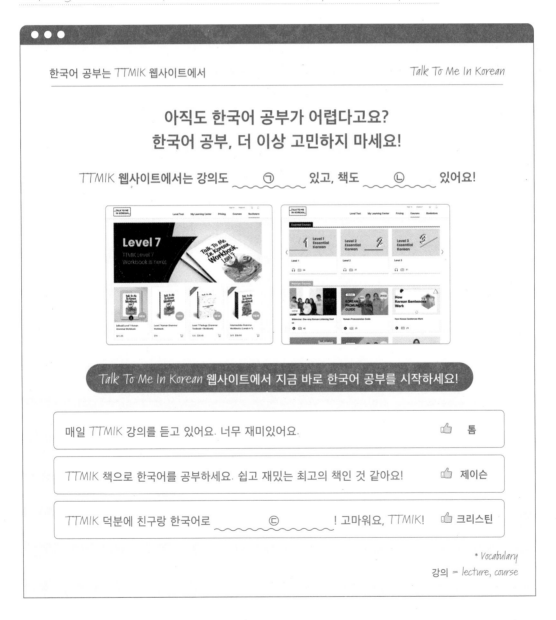

9. Choose the words that best fit in the blanks ㉠ and ㉡.

  a. ㉠ 들을 수, ㉡ 사고   b. ㉠ 듣고,   ㉡ 살 수

  c. ㉠ 듣고,   ㉡ 사고   d. ㉠ 들을 수, ㉡ 살 수

10. Choose the phrase that can fit in the blank ㉢.

  a. 이야기하지 마세요

  b. 이야기하고 싶어요

  c. 이야기할 수 있어요

  d. 이야기해야 돼요

11. Choose the incorrect statement based on the advertisement.

  a. TTMIK 웹사이트에서는 책을 살 수도 있다.

  b. 톰은 TTMIK 강의를 매일 듣지 않는다.

  c. 제이슨은 TTMIK을 추천하고 있다.

  d. 크리스틴은 TTMIK으로 한국어를 공부했다.

Section III - Listening Comprehension

다음은 라디오 방송의 일부입니다. 잘 듣고 문제를 풀어 보세요. 두 번 들려 드립니다.

Listen carefully to an excerpt of this radio show and answer the following questions. It will be played twice.

* 엄청 = very, much

12. Why doesn't Hyunwoo have dinner when he works overtime?

  a. 배가 안 고파서

  b. 배가 아파서

  c. 집에서 저녁을 먹고 싶어서

  d. 집에 일찍 가고 싶어서

13. Choose the reason why Sohee thinks Hyunwoo should have dinner.

  a. 어머니께서 걱정하시니까

  b. 점심을 조금 먹기 위해서

  c. 건강에 안 좋으니까

  d. 열심히 책을 쓰기 위해서

Section IV - Dictation

대화를 잘 듣고 밑줄 친 부분에 알맞은 말을 쓰세요. 대화는 두 번 들려 드립니다.

Listen carefully and fill in the blanks. The dialogue will be played twice.

캐시: 에밀리 씨, 무슨 공부 해요?

에밀리: 한국어 공부하고 있어요.

캐시: 한국어 어렵지 않아요? 저도 한국어 14. ~~~~~~~~~~~~~~~~~~~~~~~~~~.

에밀리: 별로 15. ~~~~~~~~~~~~~~~~~. 저랑 같이 공부해요.

캐시: 그럴까요? 에밀리 씨가 저 좀 가르쳐 주세요.

에밀리: 좋아요. 근데 저도 많이 잘하진 않아요. 더 16. ~~~~~~~~~~~~~~~~~~~~

Section V - Speaking Practice

Section IV의 대화를 한두 문장씩 들려 드리고, 긴 문장은 나누어서 들려 드립니다.
잘 듣고 따라 하세요. 완전한 대화문은 Answer Key에서 확인할 수 있습니다.

A native speaker will read the dialogue from Section IV one or two sentences at a time. If a sentence is too long, it may be split into two or three parts. Listen and repeat after each part. You can check out the complete dialogue in the Answer Key at the back of the book.

Vocabulary

더 이상	any more, any longer	강의	lecture, course	야근하다	to work overtime
고민하다	to worry, to agonize	덕분에	thanks to	엄청	very, much
		사연	story, situation	챙기다	to take, to care for

Lesson 13.
Word Builder #16 주(主)

Section I - Complete the Sentence

상자에서 알맞은 단어를 골라 밑줄 친 부분에 쓰세요.

Fill in the blanks by choosing the appropriate word from the box.

주원료, 주원인

1. 이번 사고의 _____ 을/를 찾았어요.

2. 이 아이스크림의 _____ 은/는 우유예요.

주도권, 주동자

3. 저희 집의 _____ 은/는 저희 어머니께서 가지고 계세요.

4. 토요일에 일어난 일의 _____ 을/를 잡았어요.

주목적, 주특기

5. 김예지 선수의 _____ 은/는 100m 달리기*예요.   * 달리기 = *run, race*

6. 이 방송의 _____ 은/는 사람들을 웃게 만드는 것이에요.

주인, 주인공

7. 제가 바로 이 영화 _____ 이에요.

8. 제가 바로 이 집 _____ 이에요.

9. 이 문장의 _____ 는 '경화 씨'예요.

10. _____ 장면부터 먼저 보세요.

Section II - Complete the Dialogue

포스터를 보고 밑줄 친 부분에 알맞은 단어를 골라 써 보세요. 한 번도 사용되지 않는 단어도 있을 수 있습니다.

Look at the following poster and fill in the blanks by choosing the most appropriate word from the box. Some words may not be used.

○○시 고구마 축제

언제?
20XX.05.05. 금요일 ~ 05.06. 토요일

어디서?
○○시 도서관 앞

재밌는 활동 고구마 캐기 / 고구마 요리 대회 / 고구마 인형 만들기

판매

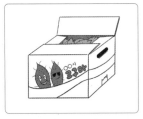

~~₩30,000~~ ₩15,000

~~₩15,000~~ ₩7,000

~~₩3,000~~ ₩2,000

* Vocabulary
캐다 = to dig up

두루: 윤아 씨, ㅇㅇ시 고구마 축제 같이 갈래요?

윤아: 고구마 축제요?

두루: 네. ㅇㅇ시 고구마가 맛있기로 유명하잖아요. 고구마 한 상자에 15,000원이래요.

윤아: 우와, 정말 싸네요! 고구마 말고 다른 것도 팔아요?

두루: 그럼요! ㅇㅇ시 고구마 빵 알아요?

윤아: 고구마 빵? 고구마로 만든 빵이에요?

두루: 네. ㅇㅇ시 고구마랑 쌀을 11. _____ (으)로 한 빵인데 정말 맛있어요. 그 빵도 싸게 판대요.

윤아: 와, 고구마랑 쌀로 만들었다고요? 맛있겠다.

두루: 진짜 맛있어요. 인기가 많아서 ㅇㅇ시 12. _____ 상품 중 하나래요.

윤아: 우와, 근데 두루 씨는 어떻게 그렇게 잘 알아요?

두루: 제가 고구마를 좋아하기도 하고, 또 어디 가기 전에 자세히 알아보는 게 제 13. _____ 잖아요. 아무튼 윤아 씨, 같이 갈 거예요?

윤아: 네, 좋아요. 혹시 금요일 아침에 가도 괜찮아요? 저 같은 14. _____ 들은 평일 아침 시간이 제일 편하거든요.

두루: 네, 괜찮아요. 그럼 제가 금요일 아침에 윤아 씨 집 앞으로 갈게요.

Section III - Listening Comprehension

15. Listen to the three dialogues and choose the awkward one.

   a.   b.   c.

Section IV - Dictation

대화를 잘 듣고 밑줄 친 부분에 알맞은 말을 쓰세요. 대화는 두 번 들려 드립니다.

Listen carefully and fill in the blanks. The dialogue will be played twice.

경화: 이 브랜드*의 16. _____ 이 이 장미 향수래요.

경은: 와, 향*이 참 좋네요. 장미 향수니까 17. _____ 는 당연히 장미꽃이겠죠?

경화: 네, 맞아요. 요즘 인기 있는 드라마에 18. _____ 이 이 향수 쓰는 장면 나왔잖아요.

경은: 아! 그래서 이 향수 인기가 이렇게 많아졌군요.

* 브랜드 = brand
* 향 = scent

Section V – Speaking Practice

Section IV의 대화를 한두 문장씩 들려 드리고, 긴 문장은 나누어서 들려 드립니다.
잘 듣고 따라 하세요. 완전한 대화문은 Answer Key에서 확인할 수 있습니다.

A native speaker will read the dialogue from Section IV one or two sentences at a time. If a sentence is too long, it may be split into two or three parts. Listen and repeat after each part. You can check out the complete dialogue in the Answer Key at the back of the book.

Vocabulary

선수	player	축제	festival	쌀	rice	장미	rose
달리기	run, race	캐다	to dig up	자세히	in detail	향수	perfume
방송	broadcast, tv program	인형	doll	평일	weekday	향	scent
고구마	sweet potato	판매	sales	브랜드	brand	당연히	naturally, of course

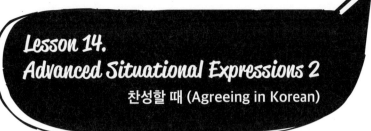

Section I - Complete the Dialogue

[1~4] 밑줄 친 부분에 들어갈 가장 알맞은 표현을 고르세요.

Choose the one that best fits in the blank of the dialogue.

1. 연우: 앞으로 회의를 수요일에 하려고 해요. 혹시 반대하는 사람 있어요?

   소희: ＿＿＿＿＿＿＿＿＿＿＿＿＿.

   은정: 저도요.

   연우: 네, 그럼 이번 주 수요일부터 시작할게요.

   a. 당연하죠　　　　　　　　　*b.* 그럼요

   c. 좋은 생각이에요　　　　　　*d.* 저는 찬성이에요

2. 소연: 제 생각에 이번 광고는 페이스북 말고 유튜브에 하는 게 좋을 것 같아요.

   동근: 그래요? 수민 씨는 어떻게 생각해요?

   수민: ＿＿＿＿＿＿＿＿＿＿＿＿. 요즘 사람들이 페이스북보다 유튜브를 더 많이 사용하니까요.

   동근: 그렇군요. 그럼 이번에는 유튜브에서 광고를 해 봐요.

   a. 저도 그렇게 생각해요　　　　*b.* 물론입니다

   c. 당연하죠　　　　　　　　　*d.* 그렇습니다

3. 주연: 은경 씨, 지금 서랍이 책상 밑에 있는데, 밖으로 빼도 돼요?

   은경: ＿＿＿＿＿＿＿＿＿＿＿＿. 그런데 왜요?

   주연: 불편해 보여서요.

   은경: 불편하진 않은데, 빼면 공간이 넓어져서 좋긴 하겠네요.

   a. 안 될 거 없죠　　　　　　　*b.* 바로 그거죠

   c. 맞아요　　　　　　　　　　*d.* 그렇죠

4. 석준: 보람 씨, 오늘 수업 다 이해했어요?

   보람: ＿＿＿＿＿＿＿＿＿＿＿＿＿. 왜요? 석준 씨는 이해 못했어요?

   석준: 네. 저는 너무 어려웠어요.

   보람: 어떤 게 어려웠어요? 제가 쉽게 설명해 줄게요.

   a. 그렇게 하면 되겠네요   *b.* 물론이죠

   c. 찬성이에요   *d.* 그럼 그렇게 해요

[5~8] 밑줄 친 부분에 들어갈 수 없는 표현을 고르세요.

Choose the one that cannot fit in the blank of the dialogue.

5. 윤아: 저... 두루 씨.

   두루: 네.

   윤아: 혹시 두루 씨 컴퓨터 잠깐 써도 돼요? 제 컴퓨터가 고장이 나서요.

   두루: ＿＿＿＿＿＿＿＿＿＿＿＿＿.

   a. 물론이죠   *b.* 그럼요

   c. 바로 그거죠   *d.* 당연하죠

6. 승완: 준배 씨, 사진 찍을 때 입을 옷 골랐어요?

   준배: 고르긴 골랐는데 저한테 어울리는지 잘 모르겠어요. 승완 씨는요?

   승완: 전 아직 못 골랐어요. 제 생각에 은경 씨한테 물어보면 좋을 것 같아요.

   　　　은경 씨가 우리 회사에서 옷을 제일 잘 입잖아요.

   준배: ＿＿＿＿＿＿＿＿＿＿＿＿＿.

   a. 좋은 생각이에요   *b.* 저도 같은 생각이에요

   c. 맞아요   *d.* 그럼요

7. 예지: 승완 씨, 집으로 가요?

   승완: 네. 예지 씨는요?

   예지: 저도요. 오늘도 한 정거장 전에 내려서 걸어갈 거예요?

   승완: ＿＿＿＿＿＿＿＿＿＿＿＿＿. 저에 대해 잘 아시네요.

   a. 맞아요   *b.* 알겠어요

   c. 그렇죠   *d.* 당연하죠

8. 예림: 현우 씨, 내일 발표, 경은 씨한테 시키는 거 어때요?

현우: 경은 씨요? 경은 씨는 아직 너무 어리잖아요.

예림: 그래도 우리 중에 경은 씨가 제일 말을 잘하잖아요. 경은 씨가 잘할 것 같아요.

현우: _____. 예림 씨가 경은 씨한테 이야기해 주세요.

a. 그럼 그렇게 해요   b. 알겠어요

c. 당연하죠   d. 좋아요

Section II - Reading Comprehension

다음은 이메일의 일부와 이메일을 읽은 세 사람의 대화입니다. 잘 읽고 문제를 풀어 보세요.

The following is an excerpt of an email and a conversation between three people who are talking about it. Read carefully and answer the questions.

TTMIK 여름 워크숍 장소 결정하기

보내는 사람 : 선윤아   20XX. 06. 10. 오전 9:37 ☆ ➤ ⋮

TTMIK 직원 여러분, 안녕하세요.
이번 여름 워크숍 장소를 고르기 위해,
6월 1일부터 6월 7일까지 투표를 진행했었는데요.
투표 결과가 나왔습니다.

서울이랑 제주도가 똑같이 41%가 나왔어요.
작년에 제주도에서 워크숍을 했으니까,
이번에는 서울에서 워크숍을 진행하겠습니다.

워크숍 어디로 갈까요?

서울 41%   제주도 41%   부산 18%

* Vocabulary
투표 = vote

은정: 보람 씨, 희주 씨, 워크숍 장소 결정됐다는 메일 봤어요?

보람: _____ ㉠ _____.

희주: 저는 아직 확인을 못 했어요.

보람: 서울로 결정됐대요.

희주: 네? 서울이요? 제주도가 아니고요?

은정: 네. 너무 아쉬워요.

보람: 아, 희주 씨랑 은정 씨는 제주도로 가고 싶었어요?

희주: 네. 보람 씨는 아니에요?

보람: 네. 저는 서울에서 하는 거 좋아요.

은정: 왜요? 서울에서는 많이 해 봤잖아요.

희주: 맞아요. 심지어 저는 이번에 투표도 못 했어요. 다시 투표했으면 좋겠어요.

보람: ⓛ안 될 거 없죠. 윤아 씨한테 메일 보내 보세요!

Vocabulary
아쉽다 = *to be a shame, to be sad*

9. Choose which piece of information you cannot find in the email above.

    a. 투표한 날짜

    b. 투표 결과

    c. 워크숍 가는 날짜

    d. 워크숍 장소 결정 이유

10. Choose the statement that cannot fit in the blank ㉠.

    a. 그럼요

    b. 네

    c. 알겠어요

    d. 물론이죠

11. Choose the statement that has the same meaning as the underlined sentence ⓛ.

    a. 제주도에서 워크숍을 해도 되죠.

    b. 서울에서 워크숍을 해야 되죠.

    c. 메일 보내도 되죠.

    d. 다시 투표해도 되죠.

12. Choose what Heeju is most likely to do immediately after the conversation above.

    a. 다시 투표한다.

    b. 윤아 씨한테 메일을 보낸다.

    c. 제주도에 간다.

    d. 서울에 간다.

13. Choose the correct statement based on the conversation above.

    a. 희주는 메일을 확인했다.

    b. 보람은 윤아에게 메일을 보낼 것이다.

    c. 워크숍 장소는 다시 제주도로 바뀔 것이다.

    d. 보람은 서울에서 워크숍을 하는 것에 찬성이다.

Section III - Listening Comprehension

14. Listen to the three dialogues and choose the awkward one.

    a.   b.   c.

Section IV - Dictation

대화를 잘 듣고 밑줄 친 부분에 알맞은 말을 쓰세요. 대화는 두 번 들려 드립니다.

Listen carefully and fill in the blanks. The dialogue will be played twice.

주연: 석진 씨, 점심 먹을 거예요?

석진: 15. _____. 지금 나갈까요?

주연: 경화 씨가 지금 사무실로 오고 있대요. 경화 씨 오면 같이 나가요.

석진: 16. _____.

주연: 앗! 지금 밖에 비 와요! 그냥 시켜 먹는 건 어때요?

석진: 좋아요. 17. _____.

Section V - Speaking Practice

Section IV의 대화를 한두 문장씩 들려 드리고, 긴 문장은 나누어서 들려 드립니다. 잘 듣고 따라 하세요. 완전한 대화문은 Answer Key에서 확인할 수 있습니다.

A native speaker will read the dialogue from Section IV one or two sentences at a time. If a sentence is too long, it may be split into two or three parts. Listen and repeat after each part. You can check out the complete dialogue in the Answer Key at the back of the book.

Vocabulary

반대하다	to oppose, to object	책상	desk	발표	presentation	결과	result
광고	advertisement, commercial	빼다	to subtract, to take something (away) from something	여름	summer	똑같이	alike, identically
유튜브	YouTube			워크숍	workshop	아쉽다	to be a shame, to be sad
서랍	drawer	공간	space, area	여러분	everyone	심지어	even
		정거장	stop, station	투표	vote	바뀌다	to be changed

Section I - Complete the Sentence

A와 B에서 각각 가장 알맞은 표현을 골라 문장을 완성해 보세요. 모든 표현은 한 번만 사용됩니다.

Complete each sentence by taking a word from column A and conjugating it with the sentence ending from column B. Each word and grammar point is used only once.

<table>
<tr><td>A</td><td>B</td></tr>
</table>

A	B
• 시작되다 • 끊어지다	• -(으)ㄹ 계획이에요 • -(으)ㄹ 예정이에요
• 배우다 • 놓치지 않다	• -(으)ㄹ 것 같아요 • -(으)ㄹ 수도 있어요
• 안 가다 • 바쁘다	• -(으)려고 해요 • -(으)ㄹ까 생각 중이에요
• 가다	• -(으)ㄹ 거예요

1. 석진 씨 생일 파티에 ＿＿＿＿＿＿＿＿＿＿＿＿＿＿＿＿＿＿＿＿.

    = I might not go to Seokjin's birthday party.

2. 주연 씨 안 기다리고 먼저 집에 ＿＿＿＿＿＿＿＿＿＿＿＿＿＿＿＿＿.

    = I'm thinking of not waiting for Jooyeon and going home first.

3. 이 공연은 10분 후에 ＿＿＿＿＿＿＿＿＿＿＿＿＿＿＿＿＿＿＿.

    = This performance is scheduled to begin in 10 minutes.

4. 마스크 끈*이 ＿＿＿＿＿＿＿＿＿＿＿＿＿＿＿＿＿＿＿＿＿.   * 끈 = strap

    = The mask strap is about to break.

5. 다음 주 주말에는 ＿＿＿＿＿＿＿＿＿＿＿＿＿＿＿＿＿＿＿＿＿.

    = I think I will be busy next weekend.

6. 오늘은 절대 버스를 ＿＿＿＿＿＿＿＿＿＿＿＿＿＿＿＿＿＿＿＿!

    = I will not miss the bus today!

7. 이번 방학 때 스페인어를 〰〰〰〰〰〰〰〰〰〰〰〰〰〰〰.

= I'm planning to learn Spanish this vacation.

Section II - Reading Comprehension

다음은 TTMIK 한복 여름 할인 광고의 일부입니다. 잘 읽고 문제를 풀어 보세요.

The following is an excerpt of an advertisement for the TTMIK hanbok summer sale. Read carefully and answer the questions.

TTMIK 한복 여름 할인 8/10 ~ 8/13

20~50% 할인

매일 입을 수 있는 한복,
편하고 아름다운 한복
'TTMIK 한복'에서 만나 보세요.

한복, 불편하지 않냐고요?
너무 편해서 옷을 입은 것 같지 않아요.

한복, 비싸다고요?
TTMIK 한복은 1년에 네 번 할인을 해요.

8월 10일, TTMIK 한복 여름 할인이 〰〰〰〰 ㉠
8월 10일에 모두 만나요!

"아이가 너무 좋아해요. 이것만 입으려고 해요." 👍 경은

"너무 예뻐서 하나 더 살까 생각 중이에요." 👍 다혜

"TTMIK 한복은 정말 편해서 회사에서도 입을 수 있어요." 👍 동근

8. Choose the statement that best fits in the blank ㉠.

    a. 시작된 것 같아요   b. 시작될 예정입니다

    c. 시작된 적 있어요   d. 시작되고 싶습니다

9. Choose the incorrect statement based on the advertisement.

    a. 경은의 아이는 TTMIK 한복만 입고 싶어 한다.

    b. 다혜는 'TTMIK 한복'에서 한복을 산 적이 있다.

    c. 동근은 매일 TTMIK 한복을 입고 출근한다.

10. The following is a conversation between three people who are talking about the advertisement above. Choose the person who said the wrong thing.

보람: 우와! TTMIK 한복 여름 할인한대요! 8월 13일까지래요.

은정: 정말요? 저도 살래요.

현우: 우와, 전부 50% 할인해요. 할인 끝나기 전에 빨리 가요!

보람: 이번에 못 사도 다음에 사면 되니까 걱정하지 마세요. TTMIK 한복은 1년에 네 번 할인하거든요.

Answer: ~~~~~~~~~~~~~~~~~~~~

Section III - Listening Comprehension

캐시의 음성 메시지를 잘 듣고, 문제를 풀어 보세요. 두 번 들려 드립니다.

Listen to Cassie's voicemail and answer the following questions. It will be played twice.

* 기대되다 = to be expected

11. Choose what Cassie is not going to do in Korea.

    a. 한복 입기   b. 경복궁 가기

    c. 한국 요리 배우기   d. 제이슨 만나기

12. Choose what you cannot find out from the voicemail.

    a. 캐시는 한국에 한 달 동안 있을 예정이다.

    b. 제이슨은 경복궁에 갈 것이다.

    c. 캐시는 제이슨을 알고 있다.

    d. 경화와 캐시는 친하다.

Section IV - Dictation

대화를 잘 듣고 밑줄 친 부분에 알맞은 말을 쓰세요. 대화는 두 번 들려 드립니다.

Listen carefully and fill in the blanks. The dialogue will be played twice.

석진: 현우 씨, 저희 10분 뒤에 영화관으로 13. ～～～～～～～～～～

현우: 사무실에서 영화관까지 오는 데 얼마나 걸릴 것 같아요?

석진: 아마 30분 정도 걸릴 거예요. 그런데 더 14. ～～～～～～～～～～

현우: 알겠어요. 그럼 영화관 앞에 있는 카페에서 기다리고 있을게요.

Section V - Speaking Practice

Section IV의 대화를 한두 문장씩 들려 드리고, 긴 문장은 나누어서 들려 드립니다. 잘 듣고 따라 하세요. 완전한 대화문은 Answer Key에서 확인할 수 있습니다.

A native speaker will read the dialogue from Section IV one or two sentences at a time. If a sentence is too long, it may be split into two or three parts. Listen and repeat after each part. You can check out the complete dialogue in the Answer Key at the back of the book.

Vocabulary

마스크	mask	여름	summer	-와	and, with
끈	strap	할인	sale, discount	지난번	last time
한복	hanbok, Korean traditional clothes	모두	all	기대되다	to be expected, anticipated

Lesson 16.
Advanced Idiomatic Expressions 3
가슴 (Chest, Heart, Breast, Mind)

Section I - Complete the Dialogue

밑줄 친 부분에 들어갈 가장 알맞은 표현을 고르세요.

Choose the one that best fits in the blank of the dialogue.

1. A: 저는 이런 기사를 읽으면 너무 ~~~~~~~~~~~~~~~~~~~.

   B: 저도요. 눈물 나올 뻔했어요.

   a. 가슴이 두근거려요   *b.* 가슴이 벅차요   *c.* 가슴이 아파요

2. A: 요즘에 걱정이 많아서 ~~~~~~~~~~~~~~~~~~~.

   B: 무슨 일 있어요? 저한테 얘기해 보세요.

   a. 가슴이 내려앉아요   *b.* 가슴이 답답해요   *c.* 가슴이 와닿아요

3. A: 수민 씨, 어제 지나 씨한테 왜 그런 말을 했어요?

   B: ~~~~~~~~~~~~~~~~~~~~~~~~~~~~.

   a. 가슴 깊이 후회하고 있어요   *b.* 가슴이 아프고 있어요   *c.* 부푼 가슴을 안고 있어요

4. A: 어떻게 소희 씨가 저한테 그럴 수가 있을까요?

   B: 소희 씨도 ~~~~~~~~~~~~~~~~~~~ 있을 거예요. 용서해 주세요.

   a. 가슴에 맺힌 한을 풀고   *b.* 가슴이 깊게 내려앉고   *c.* 가슴 깊이 뉘우치고

5. A: 왜인지 모르겠지만 이 이야기는 ~~~~~~~~~~~~~~~~~~~.

   B: 저도요. 문화가 달라서 그런 것 같아요.

   a. 가슴이 내려앉지 않아요   *b.* 가슴에 와닿지 않아요   *c.* 가슴에 맺히지 않아요

6. A: 현우 씨가 운동하다가 다쳤다는 이야기 들었어요?

   B: 네. 그 소식 듣고 너무 놀라서 ~~~~~~~~~~~~~~~~~~~.

   a. 가슴이 내려앉았어요   *b.* 가슴이 맺혔어요   *c.* 가슴이 벅찼어요

Section II - Reading Comprehension

다혜의 편지를 읽고, 문제를 풀어 보세요.

Read Dahye's letter and answer the questions.

예림이에게...

예림아, 나 다혜야.

생일 정말 축하해! 이 편지가 너의 생일 전에 도착했으면 좋겠다.

잘 지내고 있지?

나는 드디어 다음 주에 피아노 대회에 나가. 벌써부터 ⓐ가슴이 콩닥콩닥 뛰어.

작년에 상을 못 받아서 정말 아쉬웠어. ㅤㅤㅤㅤㅤㅤ㉠ㅤㅤㅤㅤㅤㅤ 그래서 1년 동안

정말 열심히 연습했어. 이번에는 꼭 상을 받을 수 있었으면 좋겠다.

그리고 이번 대회가 끝나면, 우리 꼭 만나자. 내가 서울로 갈게.

생일 파티도 하고, 맛있는 것도 먹자.

대회 때문에 긴장한 데다가, 너랑 만나서 재밌게 놀 생각까지 하니까 ⓑ가슴이 진짜 답답해.

참, 이제 다리 다친 거 괜찮아졌어? 소식 듣고 정말 ⓒ가슴이 내려앉는 줄 알았어.

많이 안 다쳐서 정말 다행이야. 자전거 탈 때 조심해.

그럼 다시 한번 생일 정말 축하하고, 곧 만나!

20XX. 10. 05.

다혜

* Vocabulary
다행 = *luck, good fortune*

---

7. *Choose the sentence that can fill in the blank ㉠.*

- *a.* 연습을 더 하지 않아서 가슴이 벅차더라고.
- *b.* 연습을 더 하지 않아서 가슴이 뛰더라고.
- *c.* 연습을 더 하지 않은 것이 가슴 깊이 후회되더라고.
- *d.* 연습을 더 하지 않은 것이 가슴 깊게 내려앉더라고.

8. Choose the incorrect use of the idiomatic expression.

    a. ⓐ   b. ⓑ   c. ⓒ

9. Choose one that should replace the answer in question 8 above.

    a. 가슴이 진짜 아파

    b. 가슴에 진짜 와닿아

    c. 가슴에 진짜 한이 맺혀

    d. 가슴이 진짜 두근거려

10. Choose the incorrect statement according to the letter.

    a. 다혜는 피아노 대회 때문에 긴장했다.

    b. 다혜는 피아노 대회 전에 예림을 만날 계획이다.

    c. 다혜는 예림의 사고 소식을 듣고 깜짝 놀랐다.

    d. 예림의 생일은 10월 5일이 아니다.

Section III - Listening Comprehension

다음은 가수 성연우를 인터뷰한 내용 중 일부입니다. 잘 듣고 문제를 풀어 보세요. 두 번 들려 드립니다.

Listen carefully to a part of an interview with the singer Yeonwoo Sung and answer the following questions. It will be played twice.

* 가사 = lyrics

11. Choose the correct statement about Yeonwoo Sung.

    a. 가슴에 한이 맺혀서 캐나다로 떠날 것이다.

    b. 가슴이 답답해서 캐나다로 떠날 것이다.

    c. 부푼 가슴을 안고 캐나다로 떠날 것이다.

    d. 아픈 가슴을 안고 캐나다로 떠날 것이다.

12. Choose the incorrect statement according to the interview.

    a. 성연우는 공연 준비를 하고 있다.

    b. 성연우는 다음 주에 캐나다에 간다.

    c. 성연우는 공연할 때 가슴이 뛴다.

    d. 성연우의 노래는 가사가 슬퍼서 사랑받는다.

Section IV - Dictation

대화를 잘 듣고 밑줄 친 부분에 알맞은 말을 쓰세요. 대화는 두 번 들려 드립니다.

Listen carefully and fill in the blanks. The dialogue will be played twice.

동근: 소연 씨, '말리와 나'라는 영화 봤어요?

소연: 네, 봤어요. 마지막에 너무 13. ＿＿＿＿＿＿＿＿＿＿＿＿ 정말 많이 울었어요.

동근: 저도요. 저는 지금 강아지를 키우고 있으니까 더 14. ＿＿＿＿＿＿＿＿＿＿＿＿＿

소연: 아, 진짜 그랬겠어요.

Section V - Speaking Practice

Section IV의 대화를 한두 문장씩 들려 드리고, 긴 문장은 나누어서 들려 드립니다.
잘 듣고 따라 하세요. 완전한 대화문은 Answer Key에서 확인할 수 있습니다.

A native speaker will read the dialogue from Section IV one or two sentences at a time. If a sentence is too long, it may be split into two or three parts. Listen and repeat after each part. You can check out the complete dialogue in the Answer Key at the back of the book.

Vocabulary

-에게	to (someone)	아쉽다	to be a shame, to be sad	다리	leg	떠나다	to leave
지내다	to live, to stay	꼭	surely, certainly, at any coast	다행	luck, good fortune	가사	lyrics
상	prize, award			캐나다	Canada	솔직하다	to be honest

Lesson 17. -만 아니면
If only it is not...

Section I - Comprehension

밑줄 친 문장의 의미와 다른 것을 고르세요.

Choose one that the underlined sentence does not imply.

1. A: 오늘 정말 덥죠?
   B: 네. <u>날씨만 아니면 밖에서 놀았을 거예요.</u>

   a. 오늘 너무 더워서 밖에서 못 놀겠어요.
   b. 날씨가 더웠으면 밖에서 놀았을 텐데요.
   c. 너무 더워서 밖에서 못 놀고 있어요.
   d. 오늘 너무 더워서 밖에 못 나가겠어요.

2. A: <u>숙제만 아니면 지금 갈 텐데요.</u>
   B: 내일 하고 일단 가는 건 어때요?

   a. 숙제 때문에 지금 가요.
   b. 숙제 없었으면 지금 갈 수 있었어요.
   c. 숙제 없었으면 지금 갈 수 있었을 텐데요.
   d. 지금 숙제해야 돼요.

3. A: <u>공사 소리만 아니면 지금 자고 있었을 거예요.</u>
   B: 이번 주에 끝난다고 하니까 조금만 참아요.

   a. 공사 소리 때문에 못 자고 있어요.
   b. 공사 소리만 없었으면, 지금 자고 있었을 텐데요.
   c. 너무 시끄러워서 못 자고 있어요.
   d. 공사 소리가 없어져서 잠에서 깼어요.

4. A: <u>비싼 가격만 아니면 매일 먹었을 거예요.</u>
   B: 돈 많이 벌어서 매일 사 먹어요.

   a. 이거 너무 비싸지만 매일 먹었어요.
   b. 매일 먹고 싶을 만큼 너무 맛있어요.
   c. 비싸서 매일은 못 사 먹을 것 같아요.
   d. 가격 때문에 매일 못 먹겠어요.

5. A: 회사 일만 아니면 내가 병원까지 데려다줄 텐데.
   B: 혼자 가도 돼요. 괜찮아요.

   a. 너를 병원까지 데려다주고 싶어.　　　　b. 지금 회사 일 때문에 바빠.
   c. 지금 바빴으면 너를 병원까지 데려다줄 수 있을 텐데.　　d. 회사 일 때문에 병원까지 못 데려다줘.

6. A: 생일 선물로 뭐 받고 싶어요?
   B: 책만 아니면 다 괜찮아요.

   a. 책만 싫어요.　　　　　　　　　　b. 책은 안 받고 싶어요.
   c. 책만 안 좋아해요.　　　　　　　　d. 책도 괜찮고 다 괜찮아요.

Section II - Complete the Dialogue

다음 안내문을 보고 밑줄 친 부분에 알맞은 단어를 골라 써 보세요. 모든 단어는 한 번만 사용됩니다.

After reading the following notice, fill in the blanks with the most appropriate word from the box. Each word is used only once.

동물 사랑 축제

동물 사랑 축제를 "7월 20일"로 연기했습니다.

안녕하세요.
오늘부터 7월 14일까지 계속 비가 옵니다.
비가 오면 축제를 진행할 수 없기 때문에 7월 20일(토요일)로 축제가 연기됐습니다.
정말 죄송합니다.

행사는 똑같이 진행될 예정입니다.
많은 관심 부탁드립니다. 감사합니다.

| 10:00 ~ 12:00 | 반려동물 수영 대회 |
| 12:00 ~ 13:00 | 점심 (샐러드) |

| 13:00 ~ 15:00 | 함께 봐요, 동물 영화! |
| 15:00 ~ 17:00 | 바자회 |

* 바자회에서는 반려동물을 위한 것만 팔 수 있습니다.
* 바자회에서 모아진 돈은 모두 버려진 동물들을 위해 쓰입니다.
* 동물 가죽으로 만든 옷을 입으신 분은 입장할 수 없습니다.

Vocabulary
연기하다 = *to postpone*
바자회 = *bazaar*

- 샐러드　　　　· 동물 가죽으로 만든 옷　　　· 수영 대회
- 비 오는 것　　· 경은 씨 생일

보람: 동근 씨, 동물 사랑 축제 갈 거예요?

동근: 7월 13일 맞죠?

보람: 아, 아니에요. 비가 계속 와서 7월 20일로 연기됐어요. 7. ＿＿＿＿＿＿＿＿＿＿＿＿ 만 아니면 13일에 했을 거예요.

동근: 7월 20일이요? 그럼 저는 못 갈 것 같아요.

보람: 왜요? 가고 싶어 했잖아요.

동근: 그날 경은 씨 만나거든요. 8. ＿＿＿＿＿＿＿＿＿ 만 아니면 갈 텐데...

보람: 아, 20일이 경은 씨 생일이죠? 그럼 경은 씨랑 같이 가요. 지난번에 경은 씨도 관심 있다고 했어요.

동근: 정말요? 경은 씨한테 물어볼게요. 혹시 축제 포스터 있어요?

보람: 여기요.

동근: 우와, 재밌어 보여요. 아... 그런데 경은 씨가 안 간다고 할 것 같아요.

보람: 왜요?

동근: 경은 씨가 생일에 불고기 먹자고 했거든요. 점심이 9. ＿＿＿＿＿＿＿＿＿＿＿ 만 아니면 갈 텐데요.

보람: 그럼 점심 먹고 바자회 할 때 오세요.

동근: 아, 그렇게 하면 되겠네요! 보람 씨도 갈 거죠?

보람: 그럼요!

동근: 참, 반려동물 수영 대회에 나갈 거예요?

보람: 아니요. 저희 집 강아지는 물을 싫어해요. 10. ＿＿＿＿＿＿＿＿＿＿ 만 아니면 나갔을 거

　　　예요. 다른 대회에서는 항상 1등 했었거든요.

동근: 우와, 보람 씨네* 강아지 정말 대단하네요.

보람: 그렇죠? 참, 동근 씨 어떤 옷 입고 갈 거예요? 아무 옷이나 입으면 입장 못 할 수도 있어요.

동근: 아, 11. ＿＿＿＿＿＿＿＿＿＿ 만 아니면 되는 거 맞죠?

보람: 맞아요. 그럼 축제에서 만나요.

* -네 = family someone belongs to

Section III - Listening Comprehension

다음은 한 연설의 일부입니다. 잘 듣고 문제를 풀어 보세요. 두 번 들려 드립니다.

Listen carefully to a part of a speech and answer the following questions. It will be played twice.

12. *Choose what the speaker claims.*

　　a. 시작하기 전에 많이 생각하지 않는 것이 중요하다.

　　b. 생각을 버리는 연습을 해야 한다.

　　c. 다른 사람의 일도 내 일이라고 생각하면 성공할 수 있다.

　　d. 다른 사람에 대해서 생각하지 않아야 한다.

13. *Write the name of the person who understood the speech correctly.*

> 승완: 포기할 수밖에 없는 이유를 만드는 사람도 성공할 수 있구나.
>
> 예지: 나만 아니면 된다는 생각을 가지고 있으면 성공할 수 있구나.
>
> 수민: 매일 책을 읽고 운동을 해도 성공할 수 없구나.
>
> 희주: 무책임한 태도를 가지고 있으면 성공할 수 없구나.

Answer: ＿＿＿＿＿＿＿＿＿

Section IV - Dictation

대화를 잘 듣고 밑줄 친 부분에 알맞은 말을 쓰세요. 대화는 두 번 들려 드립니다.

Listen carefully and fill in the blanks. The dialogue will be played twice.

은정: 현우 씨가 전화를 안 받아요.

경화: 그래요? 14. ＿＿＿＿＿＿＿＿＿＿ 받을 텐데요.

은정: 운동하고 있나 봐요.

경화: 그런가 보네요. 15. ＿＿＿＿＿＿＿＿＿＿ 받았을 거예요.

Section V - Speaking Practice

Section IV의 대화를 한두 문장씩 들려 드리고, 긴 문장은 나누어서 들려 드립니다.
잘 듣고 따라 하세요. 완전한 대화문은 Answer Key에서 확인할 수 있습니다.

A native speaker will read the dialogue from Section IV one or two sentences at a time. If a sentence is too long, it may be split into two or three parts. Listen and repeat after each part. You can check out the complete dialogue in the Answer Key at the back of the book.

Vocabulary

벌다	to earn	똑같이	alike, identically	모두	all	성공하다	to succeed
데려다주다	to get someone somewhere	반려동물	pet	가죽	leather	습관	habit
		샐러드	salad	그날	that day	일단	first, for now
축제	festival	함께	together	지난번	last time	태도	attitude
연기하다	to postpone	바자회	bazaar	-네	family someone belongs to	일어나다	to happen, to occur
행사	event						

Lesson 18.
In the same way that...,
Just like someone did...
-(으)ㄴ/는 대로

Section I - Complete the Dialogue

상자에서 알맞은 단어를 고른 다음에 '-(으)ㄴ/는 대로'를 사용해서 밑줄 친 부분에 쓰세요. 모든 표현은 한 번만 사용됩니다.

Choose the most appropriate word from the box and write it in the blank using -(으)ㄴ/는 대로. Each expression is used only once.

• 쓰여 있다	• 출발하다	• 알려 주다	• 도착하다
• 듣다	• 주다	• 하다	

1. A: 몇 시까지 올 수 있어요?

   B: 아마 7시까지? 원래는 일이 6시쯤 끝나는데, 좀 더 늦게 끝날 때도 있어요. ~~~~~~~~~~
   문자 할게요.

2. A: 경화 씨가 뭐라고 했어요? ~~~~~~~~~~~~~~~~ 이야기해 주세요.

   B: 경화 씨한테 직접 물어보세요.

3. A: 예림 씨, 어떤 음식 좋아해요?

   B: 저는 ~~~~~~~~~~~~~~~ 다 잘 먹는 편이에요.

4. A: 지나 씨, 어떻게 이렇게 요리를 잘해요?

   B: 요리 쉬워요. 요리책에 ~~~~~~~~~~~~~ 하면 돼요.

5. A: 이거 너무 어렵네요. 어떻게 하는지 모르겠어요.

   B: 전혀 안 어려워요. 지금 제가 ~~~~~~~~~~~~~~~~ 따라 하기만 하면 돼요.

6. A: 언제 출발해요?

   B: 경은 씨가 ~~~~~~~~~~~~~ 출발할게요.

7. A: 현우 씨, 현우 씨가 ~~~~~~~~~~~~~~~~~~~ 했는데 틀렸대요. 왜 틀리게 알려 줬어요?

   B: 그래요? 제가 틀렸을 리가 없는데...

Section II - Reading Comprehension

다음은 TTMIK 워크숍 시간표를 안내하는 이메일입니다. 잘 읽고 문제를 풀어 보세요.

The following is an email that includes the TTMIK workshop timetable. Read carefully and answer the questions.

TTMIK 여름 워크숍 시간표

보내는 사람 : 김수민   20XX. 06. 10. 오전 9:37 ☆ ➤ ⋮

TTMIK 직원 여러분, 안녕하세요.

이번 여름 워크숍 시간표가 나왔습니다.

주의할 점(*)을 잘 읽어 보시고, 궁금한 점이 있으시면 연락 주세요.

14:00	**도착, 자기소개** * ㉠도착한 순서대로 앞에서부터 앉아 주세요.
15:00	**축구/탁구 대회** * 팀은 대회 시작 전에 결정됩니다.
18:00	**저녁 식사** * 축구와 탁구 대회에서 이긴 팀부터 식사를 시작합니다.
20:00	**'우리 회사, 우리 팀' 퀴즈 대회** * 회사와 팀에 대해서 아는 대로 쓰면 됩니다. 너무 걱정하지 마세요.

* ㉡퀴즈 대회가 끝난 22:00부터는 자유 시간입니다.

* 다음 날 아침 식사를 원하시는 분들은 미리 알려 주세요.

Vocabulary
퀴즈 = quiz

---

8. Choose the one that means something different from ⊙.

　　a. 도착하는 대로 앞에서부터 앉아 주세요.

　　b. 일찍 도착한 사람은 앞에 앉아 주세요.

　　c. 도착하자마자 앞에 앉아 주세요.

　　d. 일찍 도착한 사람은 뒤에 앉지 마세요.

9. Choose what the sentence ⓛ does not imply.

　　a. 퀴즈 대회가 끝나면 하고 싶은 것을 하세요.

　　b. 퀴즈 대회가 끝난 22:00부터는 하고 싶은 대로 해도 돼요.

　　c. 퀴즈 대회가 끝난 22:00부터는 시키는 대로 하지 않아도 돼요.

　　d. 퀴즈 대회가 끝나면 시간표대로 하세요.

10. Choose the incorrect statement according to the email.

　　a. 도착하자마자 자기소개를 시작할 예정이다.

　　b. 누가 축구 팀이고, 누가 탁구 팀인지는 아직 모른다.

　　c. 저녁 식사는 식당에 빨리 도착한 순서대로 먹는다.

　　d. 퀴즈 대회는 2시간 동안 할 예정이다.

Section III - Listening Comprehension

다음은 한 연설의 일부입니다. 잘 듣고 문제를 풀어 보세요. 두 번 들려 드립니다.

Listen carefully to a part of a speech and answer the following questions. It will be played twice.

11. Choose the correct statement based on the speech.

　　a. 미래에 대한 걱정은 조금만 하면 된다.

　　b. 여자는 무명 작가이다.

　　c. 여자는 진짜 하고 싶은 일을 어렸을 때 찾았다.

　　d. 여자는 바라는 대로 삶을 살 수 있다고 믿는다.

12. The following is a conversation between four people after listening to the speech. Choose the person who <u>misunderstood</u> the speech.

예림: 이 작가 정말 대단하다. 생각을 바꾸는 게 쉽지 않은데...

희주: 맞아. 진짜 대단한 것 같아. 나도 이렇게 원하는 대로 다 할 수 있는 삶을 살고 싶어.

보람: 나도. 매일 거울을 보고 생각하는 게 좋다고 하니까 매일 거울을 볼 거야.

은경: 나도 오늘부터 유명한 화가가 될 수 있다고 매일 큰 소리로 말할 거야.

Answer: ~~~~~~~~~~~~~~~~~~~~~~~~~~~~

Section IV - Dictation

대화를 잘 듣고 밑줄 친 부분에 알맞은 말을 쓰세요. 대화는 두 번 들려 드립니다.

Listen carefully and fill in the blanks. The dialogue will be played twice.

예지: 이번에 광고 포스터가 13. ~~~~~~~~~~~~~~~ 안 나왔어요. 이대로는 못 쓸 것 같아요.

소희: 어? 제가 14. ~~~~~~~~~~~~~~~ 전달했는데 이렇게 나왔어요?

예지: 네. 저희가 15. ~~~~~~~~~~~~~~~ 안 나왔네요. 다시 주문할까요?

소희: 네. 이번에는 전화로 주문하지 말고 평소에 16. ~~~~~~~~~~~~~~~ 이메일로 주문해 주세요.

Section V - Speaking Practice

Section IV의 대화를 한두 문장씩 들려 드리고, 긴 문장은 나누어서 들려 드립니다. 잘 듣고 따라 하세요. 완전한 대화문은 Answer Key에서 확인할 수 있습니다.

A native speaker will read the dialogue from Section IV one or two sentences at a time. If a sentence is too long, it may be split into two or three parts. Listen and repeat after each part. You can check out the complete dialogue in the Answer Key at the back of the book.

Vocabulary

여름	summer	순서	order	미리	in advance	자신	oneself
워크숍	workshop	팀	team	미래	future	그런	such, that kind of
시간표	timetable	-와	and, with	작가	writer	놀랍다	to be surprising
여러분	everyone	이기다	to win	바꾸다	to change	힘	power
궁금하다	to be curious	퀴즈	quiz	거울	mirror		

Lesson 19.
Even if I would have to...,
Even if that means I have to...
-는 한이 있더라도

Section I - Complete the Sentence

상자에서 알맞은 말을 고르고, '-는 한이 있더라도'를 사용해서 문장을 완성해 보세요. 모두 한 번만 사용됩니다.

Complete the sentences by conjugating the appropriate phrase from the box with -는 한이 있더라도. Each phrase is used only once.

• 잠을 못 자다	• 제가 다치다	• 배고파서 쓰러지다
• 약속에 많이 늦다	• 돈을 많이 못 벌다	• 금방 고장 나서 버리다

1. _____ 화장은 꼭 하고 가야 돼요.

   = Even if I end up being very late for the meeting, I must put my makeup on before I go.

2. _____ 일단 사야겠어요.

   = Even though this might end up breaking and I will have to throw it away, I have to buy it now (and think about it later).

3. _____ 오늘 다 끝낼 거예요.

   = Even if I can't sleep, I will finish it all today.

4. _____ 다혜 씨가 만든 음식은 먹지 않을 거예요.

   = Even if I end up collapsing because I'm hungry, I'm not going to eat the food Dahye made.

5. _____ 이 일을 계속 하고 싶어요.

   = Even if I can't earn a lot of money, I want to keep doing this work.

6. _____ 아이를 지킬 거예요.

   = Even if I end up getting injured, I'm going to protect my child.

Section II - Reading Comprehension

다음은 주연과 소연이 주고받은 문자 메시지의 일부입니다. 잘 읽고 문제를 풀어 보세요.

The following is part of a text message conversation between Jooyeon and Soyeon. Read carefully and answer the questions.

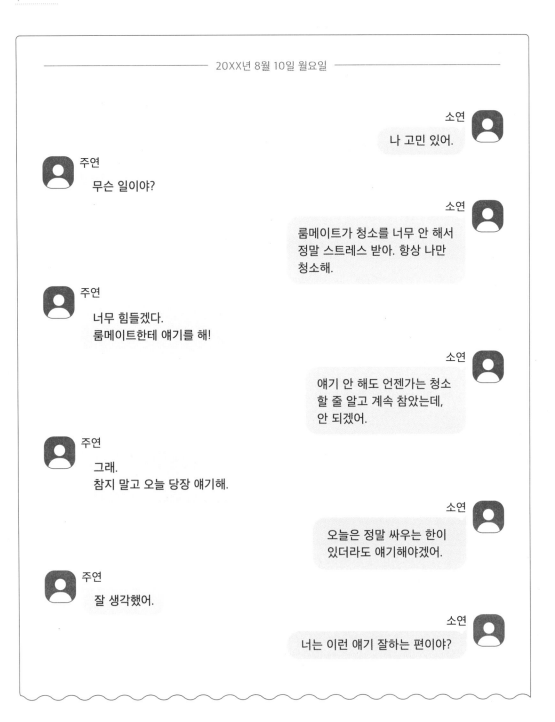

소연
나 고민 있어.

주연
무슨 일이야?

소연
룸메이트가 청소를 너무 안 해서 정말 스트레스 받아. 항상 나만 청소해.

주연
너무 힘들겠다.
룸메이트한테 얘기를 해!

소연
얘기 안 해도 언젠가는 청소 할 줄 알고 계속 참았는데, 안 되겠어.

주연
그래.
참지 말고 오늘 당장 얘기해.

소연
오늘은 정말 싸우는 한이 있더라도 얘기해야겠어.

주연
잘 생각했어.

소연
너는 이런 얘기 잘하는 편이야?

주연
응. 나는 할 말 있으면 바로 하지.

소연
나중에 후회하는 한이 있더라도?

주연
왜 후회를 해?

소연
혹시 싸울 수도 있으니까.

주연
그래도 얘기를 안 하면 문제를 해결할 수 없잖아.

소연
맞는 말이야. 나는 불편한 얘기 꺼내는 게 왜 이렇게 어려울까?

주연
여러 번 하면 익숙해질 거야. 오늘부터 시작해 봐.

7. Choose what 소연 is likely to do right after this dialogue.

   a. 엄마한테 전화하기

   b. 청소하기

   c. 룸메이트랑 이야기하기

   d. 주연 만나기

8. Choose the correct statement(s) based on the dialogue.

   a. 소연의 룸메이트는 청소를 열심히 한다.

   b. 소연은 불편한 이야기를 잘 못한다.

   c. 주연은 스트레스를 많이 받고 있다.

   d. 주연은 할 말이 있을 때 바로 하는 편이다.

   e. 소연은 주연한테 하고 싶은 말을 오늘 할 것이다.

Section III - Listening Comprehension

9. Listen to the three dialogues and choose the awkward one.

    a.   b.   c.

Section IV - Dictation

대화를 잘 듣고 밑줄 친 부분에 알맞은 말을 쓰세요. 대화는 두 번 들려 드립니다.

Listen carefully and fill in the blanks. The dialogue will be played twice.

* 굶다 = to starve

예지: 퇴근 안 해요?

석진: 부장님이 10. _____ 이거 다 끝내고 집에 가라고 하셨어요.

예지: 진짜요? 아직 많이 남았어요?

석진: 조금밖에 안 남았어요. 제가 저녁을 11. _____ 오늘 안에 꼭 다 끝내고 집에 갈 거예요.

Section V - Speaking Practice

Section IV의 대화를 한두 문장씩 들려 드리고, 긴 문장은 나누어서 들려 드립니다. 잘 듣고 따라 하세요. 완전한 대화문은 Answer Key에서 확인할 수 있습니다.

A native speaker will read the dialogue from Section IV one or two sentences at a time. If a sentence is too long, it may be split into two or three parts. Listen and repeat after each part. You can check out the complete dialogue in the Answer Key at the back of the book.

Vocabulary

벌다	to earn	그래	yes, okay, alright	티켓값	ticket price	밤새다	to stay up all night
고민	concern, worry	당장	immediately	월급	monthly pay, salary	굶나	to starve
룸메이트	roommate	여러	many, several	퇴근	getting off work, leaving work	꼭	surely, certainly, at any cost
스트레스 받다	to get stressed	익숙하다	to be familiar, to be used to				

Lesson 20.
Sentence Building Drill #13

Section I - Complete the Dialogue

밑줄 친 부분에 들어갈 가장 알맞은 표현을 고르세요.

Choose the one that best fits in the blank of the dialogue.

1. A: 매일 청소를 두 시간 동안 하신다고요?

   B: 네. 저는 주방*이 깨끗하지 않으면 음식을 만들 수 없어요. 그래서 매일 아침 6시부터 8시까지는 주방 청소를 하는 것이 저희 식당의 원칙이에요.

   A: 대단하시네요. 바쁠 때는 게을러지지 않으세요?

   B: 아니요. 저는 아무리 바빠도, ⁓⁓⁓⁓⁓⁓⁓⁓⁓⁓⁓⁓⁓⁓⁓

   *주방 = kitchen

   a. 원칙대로 했으면 좋겠어요

   b. 원칙대로 해야 돼요

   c. 원칙대로 했을 거예요

   d. 원칙대로 해 주세요

2. A: 왜 이렇게 땀이 많이 나요?

   B: 저 멀리에 주차하고 걸어왔거든요.

   A: 왜 여기에 주차 안 했어요?

   B: 아, 이 주차장은 비싸잖아요. ⁓⁓⁓⁓⁓⁓⁓⁓⁓⁓⁓⁓ 여기에 주차했을 거예요.

   a. 아무리 비싸도

   b. 나중에 주차하는 한이 있더라도

   c. 아무리 멀어도

   d. 비싼 주차 요금만 아니면

3. A: 소희 씨, 이 탁자 여기에 둘 거예요?

   B: 네.

   A: 여기에 두면 불편하지 않을까요?

   B: _____, 지금은 여기에 두면 좋겠어요.

   a. 불편하지만 않으면

   b. 불편하지 않은 한이 있더라도

   c. 나중에 옮기지만 않으면

   d. 나중에 옮기는 한이 있더라도

4. A: 소희 씨, 오늘 저녁에 한나 씨 생일 파티 가요?

   B: 아, 저는 오늘 아빠 생신이어서 집에 일찍 가 봐야 할 것 같아요.

   A: 아! 그렇군요.

   B: 재밌겠다. 즐거운 시간 보내세요. 저도 _____ 갔을 거예요.

   a. 가족 행사만 아니면

   b. 가족 행사에 안 가는 한이 있더라도

   c. 아무리 가족 행사가 있어도

   d. 아무리 가족 생일이어도

5. A: 준배 씨, 저 드디어 내일 첫 출근이에요!

   B: 우와! 축하해요. 긴장되겠어요.

   A: 네. 너무 긴장돼요. 회사 생활은 어떻게 하는 게 잘하는 거예요?

   B: 이것만 기억하세요. _____, 상사가 얘기하면 잘 듣고, 크게 웃어야 돼요.

   a. 재미있는 이야기만 아니면

   b. 이야기가 재미있는 한이 있더라도

   c. 아무리 재미없는 이야기여도

   d. 아무리 상사여도

6. A: 다혜야, 금요일 저녁에 우리 집에서 파티 하는데, 올 수 있어?

   B: 정말 가고 싶은데 회사가 늦게 끝날 것 같아.

   A: 많이 늦는 한이 있더라도, _____.

   B: 알겠어. 그럼 늦게라도 꼭 갈게.

a. 꼭 왔을 거야

b. 꼭 왔으면 좋겠어

c. 회사에 안 갔으면 좋겠어

d. 회사에 가야 돼

Section II - Reading Comprehension

다음은 뉴스 기사의 일부입니다. 잘 읽고 문제를 풀어 보세요.

The following is an excerpt of a news article. Read carefully and answer the questions.

일주일 남은 수능, 어떻게 준비해야 할까?

20XX 수능이 일주일 남았다. 인터넷 게시판에는 일주일 남은 수능에 대한 다양한 글이 올라오고 있다. "나에게는 아직 일주일이 남아 있다"라는 글을 올린 한 학생은 "일주일밖에 안 남았으니까 지금 공부해 봤자 소용없다고 생각하면 안 된다. 마지막 남은 일주일 동안이라도 열심히 공부하면 성적이 오를 것이다"라고 말했다.

또 작년 수능에서 좋은 성적을 받은 한 학생은 "아무리 공부를 많이 해도, 몸이 아프면 소용없으니 잠을 충분히 자는 것이 중요하다. 작년에 수능을 볼 때 _____ ㉠ _____ 더 좋은 성적을 받았을 것이다. 또 _____ ㉡ _____, 집중해서 공부하는 연습을 해야 한다"고 조언했다.

TTMIK 수능 연구소에서는 학생들에게 이렇게 조언하고 있다. "수능 시간에 맞춰 공부하는 것이 중요하다. 수학 시험을 보는 시간에는 수학 공부를, 영어 시험을 보는 시간에는 영어 공부를 하는 것이 좋다. 그리고 공부를 오래 못 하는 한이 있더라도, 여러 장소에서 공부하는 연습도 하면 좋다. 평소와 다른 환경에서도 집중할 수 있어야 한다. 마지막으로, 아무리 배가 안 고파도 아침과 점심은 꼭 먹는 게 좋다."

* Vocabulary
게시판 = bulletin board, forum
집중하다 = to concentrate

7. Choose the one that best fits in the blank ㉠.

   a. 감기인 한이 있더라도

   b. 아무리 감기여도

   c. 감기만 아니면

   d. 감기였으면

8. Choose the least appropriate phrase for the blank ㉡.

   a. 한 시간을 공부하는 한이 있더라도

   b. 아무리 한 시간이어도

   c. 한 시간만 아니면

   d. 한 시간을 하더라도

9. Choose the correct statement based on the article.

   a. 여러 장소에서 공부하는 것은 좋지 않다.

   b. 수능 시간에 맞춰서 공부하면 좋다.

   c. 몸이 아파도 시험을 잘 볼 수 있어야 한다.

   d. 시험을 보기 전에는 밥을 먹지 않는 것이 좋다.

Section III - Listening Comprehension

10. Listen to the dialogue and choose what you cannot learn from the dialogue. More than one answer may be possible. The dialogue will be played twice.

    a. 지금 창문은 열려 있다.

    b. 남자는 감기에 걸렸다.

    c. 곧 손님이 올 예정이다.

    d. 곧 식사를 할 예정이다.

Section IV - Dictation

대화를 잘 듣고 밑줄 친 부분에 알맞은 말을 쓰세요. 대화는 두 번 들려 드립니다.

Listen carefully and fill in the blanks. The dialogue will be played twice.

캐시: 석진 씨, 잠 많이 못 잤어요? 아까부터 계속 졸고 있는 거 봤어요.

석진: 네. 어제 밤새* 미드* 봤거든요.

캐시: 11. ﹏﹏﹏﹏﹏﹏﹏﹏﹏ 밤새 보느라고 잠 못 자면 피곤하잖아요.

석진: 아, 저는 일단 보기 시작하면 한 시간 자고 출근하는 한이 있더라도 끝까지 봐야 돼요. 사실 출근만

아니면 시즌 2, 3 *12.* ﹏﹏﹏﹏﹏﹏﹏﹏.

* 밤새 = *all night long*

* 미드 = *American TV series*

Section V - Speaking Practice

Section IV의 대화를 한두 문장씩 들려 드리고, 긴 문장은 나누어서 들려 드립니다.
잘 듣고 따라 하세요. 완전한 대화문은 Answer Key에서 확인할 수 있습니다.

A native speaker will read the dialogue from Section IV one or two sentences at a time. If a sentence is too long, it may be split into two or three parts. Listen and repeat after each part. You can check out the complete dialogue in the Answer Key at the back of the book.

Vocabulary

주방	kitchen	게시판	bulletin board, forum	집중하다	to concentrate	겉옷	outerwear, jacket
생신	birthday (honorific)	다양하다	to be various	연구소	research institute	밤새	all night long
생활	life, living	올라오다	to come up, to be posted	조언하다	to advise	미드	American TV series
상사	superior, boss			여러	many, several		
수능	national college entrance exam	오르다	to go up	환경	environment		
		충분히	enough	이따가	later		

Lesson 21.
Advanced Idiomatic Expressions 4
머리 (Head, Hair)

Section I - Fill in the Blank

다음은 'Level 8 Lesson 21. Advanced Idiomatic Expressions 4 / 머리 (Head, Hair)'에서 배운 예문들입니다. 빈칸에 알맞은 말을 쓰세요.

Below are example sentences you learned in Level 8 Lesson 21: Advanced Idiomatic Expressions 4 / 머리 (Head, Hair).

Fill in the blanks to complete the sentences.

1. 그 사람은 머리는 ☐☐☐ 노력을 안 해요.

   = *He is smart, but he does not make any effort.*

2. 아무리 머리를 ☐☐ ☐☐ 답이 안 나와요.

   = *No matter how hard I try (to think of a solution), I cannot find an answer (or solution).*

3. 요즘 잠을 많이 못 잤더니 머리가 ☐☐ ☐☐☐ 아파요.

   = *I have not been sleeping enough lately, so I have a splitting headache.*

4. 요즘에 걱정되는 일이 많아서 머리가 ☐☐☐☐ .

   = *I am worried about a lot of things these days, so my head is full of concerns.*

5. 재미있는 생각이 머리를 ☐☐☐☐ .

   = *I just thought of an interesting idea.*

6. 이제 애들이 머리가 ☐☐ 말을 안 들어요.

   = *The children have grown, so now they do not listen to what I say.*

Section II - Reading Comprehension

다음 칼럼을 읽고, 문제를 풀어 보세요.

Read the following column and answer the questions.

칼럼 〉

[선경화 칼럼]

⟨ ㉠ ⟩

뇌도 피곤해질 수 있어...
멍때리기 중요해

선경화 TTMIK 대학교 교수
20XX. 02. 01. 08:30

요즘 '멍때리기'가 유행이다. '멍때리다'라는 단어는 아무 생각 없이 멍하게 있는 것을 의미하는 신조어다. 그래서 사전에서는 아직 볼 수 없지만, 자주 쓰이고 있는 단어다. 요즘에는 멍때리기 대회도 생길 만큼 멍때리기에 대한 관심이 커지고 있다.

우리들은 매일 행동하고 생각한다. 그리고 우리가 행동하고 생각할 때는 뇌를 사용한다. 아무 행동도 하지 않고, 아무 생각도 하지 않는 순간은 별로 없다. 우리는 자주 _____㉡_____ 머리가 깨질 것처럼 아프다고 말하거나, 미래에 대한 걱정 때문에 머리가 _____㉢_____고 말하면서도 잘 쉬지 않는다. 특히 요즘은 쉬는 시간에도 스마트폰으로 무언가를 하느라고 뇌는 계속 일을 하고 있다.

몸만 피곤해질 수 있는 것이 아니고, 뇌도 피곤해질 수 있다. 그렇기 때문에 뇌 건강을 위해서 뇌에게도 쉬는 시간을 줘야 한다. 요즘 멍때리기에 대한 관심이 커지는 것도 사람들이 그만큼 멍때리는 시간을 자주 갖지 못한다는 것을 의미한다. 공부하거나 일하다가 머리가 _____㉣_____, 멍때리는 시간을 가져 보자. 오히려 공부나 일의 능률이 오르는 것을 느낄 수 있을 것이다.

* Vocabulary
뇌 = brain / 오히려 = rather, on the contrary
능률 = efficiency

7. Choose the one that cannot fit in the blank ㉡.

   a. 열심히 공부하느라고   b. 많은 양의 일 때문에   c. 멍때리느라고   d. 스트레스 때문에

8. Choose the one that can fit in the blank ㉢.

   a. 스친다   b. 복잡하다   c. 크다   d. 작다

9. Choose the one that cannot fit in the blank ㉣.

   a. 잘 안 돌아갈 때   b. 아플 때   c. 깨질 것 같을 때   d. 잘 안 굴릴 때

10. Choose what you cannot learn from the column.

    a. 너무 오래 멍때리는 것은 좋지 않다.   b. 멍때리는 시간은 뇌가 쉬는 시간이다.

    c. 요즘 사람들은 멍때리는 시간을 자주 갖지 못한다.   d. 뇌가 피곤해지면 좋지 않다.

11. Choose the appropriate title for the blank ㉠.

    a. 머리가 좋을 때 '멍때리기' 효과 있어   b. 머리가 나쁠 때 '멍때리기' 효과 없어

    c. 머리가 복잡할 때 '멍때리기' 효과 있어   d. 머리가 돌아갈 때 '멍때리기' 효과 없어

Section III - Listening Comprehension

12. Listen to the woman's line and choose the least appropriate one based on the context.

Woman: _____
Man: 머리를 좀 써 봐.

   a.   b.   c.

Section IV - Dictation

대화를 잘 듣고 밑줄 친 부분에 알맞은 말을 쓰세요. 대화는 두 번 들려 드립니다.

Listen carefully and fill in the blanks. The dialogue will be played twice.

다혜: 나 잠깐 바람 좀 쐬고 올게. 13. _____ .

예지: 또? 너 일하기 싫어서 그러지? 잔머리 굴리지 마.

다혜: 아니야! 어제 잠을 많이 못 자서 진짜 14. ~~~~~~~~~~~~~~~~~~~~~~~~~~~~~ .

예지: 알겠어. 그럼 좀 쉬다가 와.

Section V - Speaking Practice

Section IV의 대화를 한두 문장씩 들려 드리고, 긴 문장은 나누어서 들려 드립니다.
잘 듣고 따라 하세요. 완전한 대화문은 Answer Key에서 확인할 수 있습니다.

A native speaker will read the dialogue from Section IV one or two sentences at a time. If a sentence is too long, it may be split into two or three parts. Listen and repeat after each part. You can check out the complete dialogue in the Answer Key at the back of the book.

Vocabulary

칼럼	column	신조어	neologism, newly-coined word	스마트폰	smartphone	능률	efficiency
뇌	brain			몸	body	오르다	to go up
멍때리다	to space out, to zone out	순간	moment	관심	interest, attention	느끼다	to feel
		미래	future	오히려	rather, on the contrary	양	quantity, amount
유행	fad, trend	특히	especially			스트레스	stress

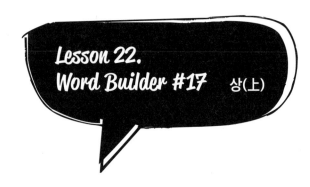

Lesson 22.
Word Builder #17 상(上)

Section I - Complete the Sentence

상자에서 알맞은 단어를 골라 밑줄 친 부분에 쓰세요.

Fill in the blanks by choosing the appropriate word from the box.

| 사상 | 상반기 | 상공 | 세상 | 상위권 | 정상 | 조상 | 상경 |

1. 서울에 〰️〰️〰️〰️〰️ 하자마자 현우 씨를 만났어요.

2. 서울 〰️〰️〰️〰️〰️ 에 UFO가 나타났다고 합니다.

3. 이것 좀 보세요. 산 〰️〰️〰️〰️〰️ 에서 찍은 사진이에요.

4. 다혜 씨 〰️〰️〰️〰️〰️ 중에 미국인이 있대요.

5. 탁구에서 올림픽 〰️〰️〰️〰️〰️ 첫 금메달을 땄어요!

6. 눈이 많이 와서 온 〰️〰️〰️〰️〰️ 이 하얗게 변했어요.

7. 예지 씨는 학교 다닐 때 성적이 항상 〰️〰️〰️〰️〰️ 이었어요.

8. 내년 〰️〰️〰️〰️〰️ 중에 이사 갈 거예요.

Section II - Reading Comprehension

다음은 TTMIK 학원 광고의 일부입니다. 잘 읽고 문제를 풀어 보세요.

The following is an excerpt of the TTMIK Academy advertisement. Read carefully and answer the questions.

> (㉠) 으로 가기 위한 가장 빠른 길, TTMIK 학원

1. 최고의 선생님들

수학
선현우 선생님

수학
최경은 선생님

수학
선경화 선생님

과학
박주연 선생님

과학
김예지 선생님

과학
유승완 선생님

2. 1,000명 중 800명, 이번 상반기 학교 성적 (㉡) 5%

XX 고등학교 김*나   XX 고등학교 문*배
XX 고등학교 김*주   XX 고등학교 석*혜
XX 고등학교 이*정   XX 고등학교 이*연
XX 고등학교 강*루   XX 고등학교 한*람
⋮   ⋮

3. 학생들을 위한 최고의 환경

옥상 정원

맛있는 간식

24시간 열려 있는 도서관

아침/점심/저녁 모두 먹을 수 있는 식당

9. Choose the word that best fits in the blank ㉠.

   a. 상위   b. 세상   c. 상급   d. 정상

10. Choose the word that best fits in the blank ㉡.

   a. 상위   b. 상하   c. 상승   d. 상류

11. Choose the correct statement according to the advertisement.

   a. TTMIK 학원의 정원은 1층에 있다.

   b. TTMIK 학원의 학생들은 9월~12월에 성적이 좋았다.

   c. 학생들이 학원에서 아침, 점심, 저녁을 모두 다 먹어야 한다.

   d. 학생들은 정원, 도서관, 식당을 모두 이용할 수 있다.

Section III - Listening Comprehension

라디오 방송의 일부를 잘 듣고, 문제를 풀어 보세요. 두 번 들려 드립니다.

Listen carefully to an excerpt of this radio show and answer the following questions. It will be played twice.

* 막상 = actually, in reality

12. Choose the incorrect statement(s) according to the clip.

    a. 예림은 서울에서 제주도로 이사 갔다.   *b.* 예림은 밖에서 일할 때가 많다.

    c. 예림은 점심시간에 은정의 라디오를 듣는다.   *d.* 예림은 스물다섯 살이다.

    e. 예림은 사무실에서 점심을 먹는다.

Section IV - Dictation

대화를 잘 듣고 밑줄 친 부분에 알맞은 말을 쓰세요. 대화는 두 번 들려 드립니다.

Listen carefully and fill in the blanks. The dialogue will be played twice.

주연: 그거 들었어요? 최경은 선수가 세계 랭킹 1위*래요.

예지: 우와! 우리나라 피겨 선수가 세계 13. _____ 오른 건 14. _____
아니에요?

주연: 맞아요. 15. _____ 부상*으로 쉬어서 걱정했는데, 진짜 대단한 것 같아요.

* 위 = ranking, place
* 부상 = injury

Section V - Speaking Practice

Section IV의 대화를 한두 문장씩 들려 드리고, 긴 문장은 나누어서 들려 드립니다.
잘 듣고 따라 하세요. 완전한 대화문은 Answer Key에서 확인할 수 있습니다.

A native speaker will read the dialogue from Section IV one or two sentences at a time. If a sentence is too long, it may be split into two or three parts. Listen and repeat after each part. You can check out the complete dialogue in the Answer Key at the back of the book.

Vocabulary

나타나다	to appear, to show up	점심시간	lunchtime
첫	first	사연	story
변하다	to change	막상	actually, in reality
내년	next year	외롭다	to be lonely
환경	environment	하루 종일	all day long

도시락	box lunch, packed lunch	힘내다	to gain strength
올라가다	to go up	랭킹	ranking
프로그램	program, show	위	ranking, place
생각나다	to come to mind, to think of	피겨	figure (skating)
		오르다	to rise, to go up
		부상	injury

Section I - Complete the Dialogue

상자에서 가장 알맞은 표현을 골라 밑줄 친 부분에 쓰세요. 모든 표현은 한 번만 사용됩니다.

Choose the most appropriate expression from the box and write it in the blank. Each expression is used only once.

- 제안드리고 싶은 게 있습니다.
- 어떻게 생각하세요?
- 차라리 밖에 나가서 먹고 오는 게 낫겠네요.
- 아니면 그냥 이 옷 입고 갈까요?
- 그러면 행사를 연기할까요?
- 좀 더 알아보는 게 좋을 것 같아요.

---

1. 동근: 저녁은 시켜 먹을까요?

   두루: 좋아요.

   동근: 앗, 지금 시키면 한 시간 뒤에 온대요.

   두루: 네? ~~~~~~

2. 경은: 윤아 씨, 우리 사무실에 이 탁자 놓는 거 어때요?

   윤아: 음... ~~~~~~~~~~~~~~~~~~~~~~~~~~~~ 요즘 예쁜 탁자 많더라고요.

   경은: 이건 별로 안 예쁘다는 뜻이죠? 흐음... 제가 볼 땐 괜찮은데...

3. 소연: 은경 씨, 저 내일 파티에 이 옷 입고 갈까요?

   은경: 음...

   소연: ~~~~~~

   은경: 오! 네! 이 옷이 더 나은 것 같아요.

4. 승완: 이 가방 살까 하는데, 경은 씨는 ~~~~~~~~~~~~~~~~~~~~~~~

   경은: 승완 씨가 좋아하는 스타일이네요.

   승완: 네, 맞아요. 왜요? 경은 씨가 좋아하는 스타일은 아닌가 보죠?

   경은: 하하. 승완 씨가 사는 거니까 승완 씨 스타일인지 아닌지가 중요하죠.

5. 한나: 석진 씨, 무슨 고민 있어요?

   석진: 다음주에 있는 행사 때문에요. 제가 그날 못 갈 수도 있어서요.

   한나: 아, 정말요? ～～～～～～～～～～～～～～～～～～～ 석진 씨를 위한 행사인데,
   석진 씨가 못 오면 날짜를 바꾸는 게 맞죠.

6. 연우: 부장님, ～～～～～～～～～～～～～～～～～～～～～～～～～～～～

   부장: 네, 말해 보세요.

   연우: 팀끼리 회식을 할 수 있게, 회식 비용을 지원해* 주시면 좋겠습니다.

* 지원하다 = *to support, to sponsor*

Section II - Reading Comprehension

한 인터넷 게시판에 올라온 글과 댓글들을 읽고, 문제를 풀어 보세요.

Read the following conversation on an online forum and answer the questions.

선경화 @kyunghwa***
20XX/01/02 21:39
♥ 110 💬 10

제가 가장 좋아하는 친구가 2월에 졸업해요. 어떤 선물을 주면 좋아할까요?
책을 줄까 하는데, ～～～ㄱ～～～ 생각하세요?

소희
책이요? ～～ㄴ～～ 선물을 안 주는 게 나을 것 같아요.

┗ 경화 네? 왜요?

┗ 소희 요즘에 누가 책을 읽어요. 받아도 별로 안 좋아할 것 같은데요?
좀 더 고민해 보는 게 좋을 것 같아요.

┗ 경화 안 좋아할까요? ㅠㅠ 좀 더 고민해 봐야겠네요.

다혜
평소에 친구가 뭘 좋아해요?

┗ 👤 **경화** 사진 찍는 거랑 영화 보는 거 좋아해요.

┗ 👤 **다혜** 그러면 카메라를 주는 건 어때요?

┗ 👤 **경화** 카메라는 이미 많이 가지고 있을 것 같아서요.

┗ 👤 **다혜** 그럴 수도 있겠네요. 아, 저한테 ⓒ좋은 생각이 있어요. 그렇다면 친구한테 없는 걸 선물로 주는 건 어때요? 시계가 없는 제 친구한테 저는 졸업 선물로 시계를 줬거든요. 친구가 좋아했어요.

┗ 👤 **경화** 오, 제 친구도 시계가 없던데... 저도 시계를 사 줘야겠어요! 고마워요!

7. Choose the words that best fit in the blanks ㉠ and ㉡.

    a. ㉠ 어떤 ㉡ 차라리

    c. ㉠ 어떤 ㉡ 그러면

    b. ㉠ 어떻게 ㉡ 차라리

    d. ㉠ 어떻게 ㉡ 그러면

8. Choose the word that has the same meaning as ⓒ.

    a. 어떤   *b.* 그냥   *c.* 행복한   *d.* 괜찮은

9. Choose the correct statement based on the conversation above.

    a. 경화는 친구한테 책을 선물할 것이다.   *b.* 다혜는 시계를 선물로 받았었다.

    c. 경화는 친구한테 시계를 선물할 것이다.   *d.* 소희는 책을 선물로 받았었다.

Section III - Listening Comprehension

대화를 잘 듣고, 아래 문장이 맞으면 T를, 틀리면 F를 쓰세요. 대화는 두 번 들려 드립니다.

Listen to the dialogue and decide if the statement is true or false. Write "T" if the statement is true and "F" if it is false. The dialogue will be played twice.

10. 남자는 회의를 하고 싶어 하지 않는다. ⌇⌇⌇⌇⌇

11. 남자는 회의할 때 책상이 없어도 괜찮다고 생각한다. ⌇⌇⌇⌇⌇

12. 여자는 남자의 생각에 찬성한다. ⌇⌇⌇⌇⌇

13. 여자는 넓은 곳에서 회의하기를 원한다. ⌇⌇⌇⌇⌇

Section IV - Dictation

대화를 잘 듣고 밑줄 친 부분에 알맞은 말을 쓰세요. 대화는 두 번 들려 드립니다.

Listen carefully and fill in the blanks. The dialogue will be played twice.

경화: 요즘 운동을 시작해 볼까 생각 중이에요.

주연: 어떤 운동이요?

경화: 수영을 해 볼까 하는데, 14. ～～～～～～～～～～～～～～～～～？

주연: 복싱을 해 보는 건 어때요? 제가 해 봤는데 너무 좋더라고요. 체육관*이 여기서 가까우니까 일단 한 번 해 보고 결정하는 것도 15. ～～～～～～～～～～～～～.

* 체육관 = *gym*

Section V - Speaking Practice

Section IV의 대화를 한두 문장씩 들려 드리고, 긴 문장은 나누어서 들려 드립니다.
잘 듣고 따라 하세요. 완전한 대화문은 Answer Key에서 확인할 수 있습니다.

A native speaker will read the dialogue from Section IV one or two sentences at a time. If a sentence is too long, it may be split into two or three parts. Listen and repeat after each part. You can check out the complete dialogue in the Answer Key at the back of the book.

Vocabulary

스타일	style	시계	clock, watch	빼다	to subtract, to take something (away) from something	자리	seat
고민	concern, worry	선물하다	to give a gift			복싱	boxing
그날	that day	회의하다	to have a meeting			체육관	gym
지원하다	to support, to sponsor	책상	desk	의자	chair		

Lesson 24. -(으)ㄹ 따름이다
It is just that..., I only...

Section I - Fill in the Blank

다음은 기사 제목들입니다. 기사 제목에서는 '-(으)ㄹ 따름이다'의 '-이다'가 자주 생략됩니다. 상자에서 가장 알맞은 단어를 고르고, '-(으)ㄹ 따름'을 사용해서 밑줄 친 부분에 쓰세요.

The following are the headlines of articles where -이다 from -(으)ㄹ 따름이다 is often dropped. Fill in the blanks with the most appropriate word from the box conjugated with -(으)ㄹ 따름.

부끄럽다	죄송하다	감사하다	답답하다	놀랍다	속상하다*

TTMIK TIMES

연예
연예 뉴스 더 보기

20XX 연기 대상* 김소희 "이 상을 받을 수 있도록 도와주신 모든 분들께

1. ~~~~~~~~~~~~~~~~~~~~ "

📰 *Read More*

드라마 '오늘'의 배우 선경화 "드라마 인기가 별로 없어 2. ~~~~~~~~~~~ "

📰 *Read More*

스포츠
스포츠 뉴스 더 보기

한국 탁구, 올림픽 사상 첫 금메달... 3. ~~~~~~~~~~~~~~~~

📰 *Read More*

축구 선윤아 "좋은 결과 보여 드리지 못해 4. _____ "

📰 Read More

사회   사회 뉴스 더 보기

온라인으로 수업 진행할 수밖에 없어 '5. _____ '

📰 Read More

국회 "국민들에게 이런 모습을 보여 드려 죄송하고 6. _____ "

📰 Read More

*속상하다 = to be upset
*연기 대상 = best acting award, best performance prize

Section II - Reading Comprehension

다음은 다혜가 교수에게 보낸 이메일의 일부입니다. 잘 읽고 문제를 풀어 보세요.

The following is an excerpt of Dahye's email to her professor. Read carefully and answer the questions.

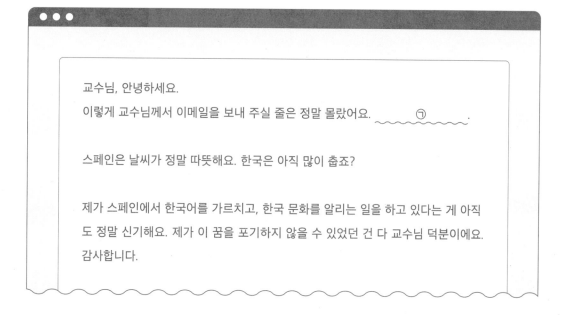

교수님, 안녕하세요.
이렇게 교수님께서 이메일을 보내 주실 줄은 정말 몰랐어요. _____ㄱ_____ .

스페인은 날씨가 정말 따뜻해요. 한국은 아직 많이 춥죠?

제가 스페인에서 한국어를 가르치고, 한국 문화를 알리는 일을 하고 있다는 게 아직
도 정말 신기해요. 제가 이 꿈을 포기하지 않을 수 있었던 건 다 교수님 덕분이에요.
감사합니다.

교수님, 교수님이 '한국어 교육 상'을 받고 하신 말씀 기억하세요?

"_____ ⓛ _____."라고 말씀하셨었죠. 큰 상을 받으셨는데도 겸손하신 교

수님의 모습을 보면서 저도 교수님처럼 되고 싶다는 생각을 했어요.

교수님, 하루라도 빨리 뵙고 싶은데, 지금 하고 있는 일이 끝난 다음에 한국에 갈 수

있을 것 같아요. 오랫동안 뵙지 못해 속상할 따름이에요. 한국에 들어갈 때까지 건강

히 계세요!

* Vocabulary

신기하다 = to find (it) interesting

7. Write the sentence that fills in the blank ㉠ using -(으)ㄹ 따름입니다.

_____

= All I can say is that I am surprised and grateful.

= I am just surprised and grateful.

8. Choose the phrase(s) that can fill in the blank ⓛ.

a. 해야 할 일을 했을 따름입니다   b. 해야 할 일을 했기 때문입니다

c. 해야 할 일을 해야 합니다   d. 해야 할 일을 했을 뿐입니다

9. Choose the incorrect statement based on the email.

a. 이 이메일은 다혜가 교수에게 보내는 답장이다.

b. 다혜는 스페인에서 한국어를 가르치고 있다.

c. 다혜는 곧 '한국어 교육 상'을 받을 것이다.

d. 다혜는 교수를 오랫동안 만나지 못했다.

Section III - Listening Comprehension

10. Listen to the three dialogues and choose the most natural one.

a.   b.   c.

Section IV - Dictation

대화를 잘 듣고 밑줄 친 부분에 알맞은 말을 쓰세요. 대화는 두 번 들려 드립니다.

Listen carefully and fill in the blanks. The dialogue will be played twice.

진행자 1: 저희 방송이 곧 10주년*을 맞이합니다*!

진행자 2: 우와! 이 프로그램을 처음 시작한 게 엊그제 같은데 벌써 10년이 지났다니

11. ~~_____~~.

진행자 1: 맞아요. 이렇게 오랫동안 사랑해 주신 시청자 여러분께 12. ~~_____~~

진행자 2: 시청자 여러분들의 사랑에 보답할* 수 있도록 저희는 앞으로도 최선을 다하겠습니다.

* 주년 = anniversary
* 맞이하다 = to welcome
* 보답하다 = to repay

Section V - Speaking Practice

Section IV의 대화를 한두 문장씩 들려 드리고, 긴 문장은 나누어서 들려 드립니다.
잘 듣고 따라 하세요. 완전한 대화문은 Answer Key에서 확인할 수 있습니다.

A native speaker will read the dialogue from Section IV one or two sentences at a time. If a sentence is too long, it may be split into two or three parts. Listen and repeat after each part. You can check out the complete dialogue in the Answer Key at the back of the book.

Vocabulary

속상하다	to be upset	국민	nation, people, the public	오랫동안	for a long time	지나다	to pass by
연예	entertainment	모습	appearance, figure	방송	broadcast, tv program	시청자	viewer
연기 대상	best acting award, best performance prize	신기하다	to find (it) interesting	주년	anniversary	여러분	everyone
첫	first	덕분	in virtue of	맞이하다	to welcome	보답하다	to repay
결과	result	겸손하다	to be humble	엊그제	a couple of days ago	최선을 다하다	to do one's best

Section I - Complete the Dialogue

[1~3] 밑줄 친 부분에 들어갈 가장 알맞은 표현을 고르세요.

Choose the one that best fits in the blank of the dialogue.

1. 주연: 은경 씨, 오늘 시험 끝났죠? 잘 봤어요?

   은경: 아니요. 내년에 다시 봐야 할 것 같아요.

   주연: _____. 열심히 공부했잖아요.

   은경: 모르는 문제가 너무 많았어요.

   a. 그게 아니고요

   b. 꼭 그런 건 아니고요

   c. 아직 확실히 정해진 건 아니에요

   d. 절대 그럴 리가 없어요

2. 예림: 두루 씨, 다음 달에 스페인으로 유학 간다는 게 정말이에요?

   두루: _____

   예림: 그럼 언제 정해져요?

   두루: 곧 결정할 거 같아요. 정말 가게 되면 다시 말해 줄게요.

   a. 그렇다고 보기는 힘들죠

   b. 아직 확실히 정해진 건 아니에요

   c. 분명 뭔가 오해가 있는 것 같아요

   d. 아니요, 제 말은 그게 아니고요

3. 경화: 연우 씨, 들었어요? 다음 주 파티에 갈 때 꼭 파란색이 들어간 옷을 입어야 된대요.

   연우: 정말요? 아... 싫다...

   경화: 파티가 그렇게 싫어요? 가기 싫으면 제가 대신 말해 줄게요.

   연우: 아, _____! 파란색이 싫다는 의미였어요.

   a. 그렇다고 보기는 힘들죠

b. 뭔가 잘못 알고 계신 것 같아요

c. 그런 뜻으로 한 말이 아니에요

d. 아직 확실히 정해진 건 아니에요

[4~6] 밑줄 친 부분에 들어갈 수 없는 표현을 고르세요.

Choose the one that cannot fit in the blank of the dialogue.

4. 준배: 현우 씨, 아까 한 말 무슨 뜻이에요? 다혜 씨한테 파티에 오지 말라고 한 거예요?

   현우: _____. 아프면 안 와도 된다고 한 거죠.

   준배: 아, 그런 거였어요? 그럼 다혜 씨가 지금 오해하고 있는 것 같아요.

   현우: 어? 정말요? 가서 다혜 씨랑 얘기해야겠다. 제가 설마 다혜 씨한테 오지 말라고 하겠어요.

   a. 그건 아닌 것 같아요

   b. 그런 뜻으로 한 말이 아니에요

   c. 아니요, 제 말은 그게 아니고요

   d. 그럴 리가요

5. 석진: 소희 씨, 희주 씨가 회사를 그만둔대요.

   소희: 네? _____. 희주 씨가 우리 회사 너무너무 좋다고 했는데요?

   석진: 진짜예요. 제가 직접 들었어요.

   소희: 잠시만요. 희주 씨한테 물어보고 올게요.

   a. 말도 안 돼요

   b. 꼭 그런 건 아니고요

   c. 뭔가 잘못 알고 계신 것 같아요

   d. 절대 그럴 리가 없어요

6. 다혜: 은정 씨, 두루 씨는 예식장에 못 간대요.

   은정: 네? 누가 그래요?

   다혜: 동근 씨가요. 그날 두루 씨는 출근해야 된대요.

   은정: _____. 두루 씨가 저한테 예식장에 같이 가자고 했거든요.

   a. 뭔가 오해가 있는 것 같아요

   b. 뭔가 잘못 알고 계신 것 같아요

   c. 그럴 리가 없어요

   d. 그렇다고 보기는 힘들죠

Section II - Reading Comprehension

다음 칼럼을 읽고, 문제를 풀어 보세요.

Read the following column and answer the questions.

칼럼 >

[강두루 칼럼]

강아지는 신났을 때만 꼬리를 흔든다? ⎯⎯⎯⎯⎯ㄱ⎯⎯⎯⎯.

강두루 TTMIK 대학교 교수
20XX. 10. 20. 07:20

요즘 길을 다니면 반려견이랑 같이 산책하는 사람들을 자주 만날 수 있다. 산책 중인 강아지가 지나가는 사람들을 보고 꼬리를 흔드는 것도 자주 볼 수 있다. 꼬리를 높이 들고 흔드는 강아지는 지나가는 사람이 반가워서 꼬리를 흔드는 것일까?

많은 사람들이 강아지가 신났을 때 꼬리를 흔든다고 생각하지만, ⎯⎯⎯ㄴ⎯⎯⎯. 물론, 춤을 추는 것처럼 엉덩이랑 꼬리를 같이 흔드는 것은 매우 반갑고 기쁘다는 뜻이다. 그런데 꼬리를 올려 세운 다음 천천히 흔들거나 꼬리를 왼쪽으로 흔드는 강아지는 그 사람을 경계하고 있는 것이다. 이런 강아지들을 만나면 조심해야 한다.

사실 내 반려견이 아니면, 강아지가 꼬리를 흔들 때 나를 반가워하는 것인지 경계하는 것인지 알기 어렵다. 그렇기 때문에 내 반려견이나 친한 강아지가 아닐 때는 무조건 조심하는 것이 좋다.

* Vocabulary

꼬리 = *tail*   엉덩이 = *butt*   경계하다 = *to watch, to look out*

---

7. *Choose the expression that cannot fil in the blank ㄱ.*

   a. 그렇지 않다

   b. 아직 확실히 정해진 건 아니다

   c. 뭔가 오해가 있다

   d. 그렇다고 보기는 힘들다

8. Choose the expression that best fits in the blank ㉡.

　　a. 절대 그럴 리가 없다　　　　　　b. 아직 확실히 정해진 건 아니다

　　c. 꼭 그런 건 아니다　　　　　　　d. 말도 안 된다

9. Choose the correct statement based on the column.

　　a. 산책 중인 강아지는 항상 꼬리를 흔든다.

　　b. 강아지가 꼬리를 왼쪽으로 흔들면 신났다는 뜻이다.

　　c. 강아지는 신났을 때 꼬리를 흔들지 않는다.

　　d. 잘 모르는 강아지가 꼬리를 흔들 때는 조심해야 한다.

Section III - Listening Comprehension

대화를 잘 듣고, 문제를 풀어 보세요. 대화는 두 번 들려 드립니다.

Listen to the dialogue and answer the following questions. The dialogue will be played twice.

* 전 상품 = all products

10. Choose the correct statement based on the dialogue.

　　a. 남자가 사려고 하는 상품은 90,000원이다.

　　b. 남자는 지금 30% 할인 중이라고 생각했다.

　　c. 남자는 여자의 말을 이해 못했다.

　　d. 남자는 문자를 잘못 이해했다.

11. Choose the text message the man most likely received.

a.
```
1577-XXXX

TTMIK STORE
▶ 10월 할인 (10/13~)
전 상품 10% 할인
```

b.
```
1577-XXXX

TTMIK STORE
▶ 10월 할인 (~10/13)
전 상품 10% 할인
```

c.
```
1577-XXXX

TTMIK STORE
▶ 10월 할인 (10/13~)
▶ 12월 할인 (12/13~)
전 상품 10% 할인
```

d.
```
1577-XXXX

TTMIK STORE
▶ 10월 할인 (~10/13)
▶ 12월 할인 (~12/13)
전 상품 10% 할인
```

Section IV - Dictation

대화를 잘 듣고 밑줄 친 부분에 알맞은 말을 쓰세요. 대화는 두 번 들려 드립니다.

Listen carefully and fill in the blanks. The dialogue will be played twice.

석진: 현우 씨가 저를 굉장히 싫어하는 것 같아요.

캐시: 네? 말도 안 돼요. 12. _____. 왜 그렇게 생각해요?

석진: 현우 씨가 제 전화만 안 받는 것 같아서요.

캐시: 13. _____. 제 전화도 항상 안 받거든요.

Section V - Speaking Practice

Section IV의 대화를 한두 문장씩 들려 드리고, 긴 문장은 나누어서 들려 드립니다.
잘 듣고 따라 하세요. 완전한 대화문은 Answer Key에서 확인할 수 있습니다.

A native speaker will read the dialogue from Section IV one or two sentences at a time. If a sentence is too long, it may be split into two or three parts. Listen and repeat after each part. You can check out the complete dialogue in the Answer Key at the back of the book.

Vocabulary

내년	next year	반려견	pet dog	세우다	to make something stand	상품	product
설마	no way	높이	high			할인	sale
직접	in person, directly	물론	of course	경계하다	to watch, to look out	전	all
칼럼	column	춤을 추다	to dance	사실	actually, to be honest	할인하나	to discount
꼬리	tail	엉덩이	butt				
흔들다	to shake, to sway	매우	very	반가워하다	to be glad		

Section I - Comprehension

[1~3] 밑줄 친 부분에 들어갈 말로 알맞은 것을 고르세요.

Choose the phrase that best fits in the blank.

1. 저는 태어날 때부터 〰〰〰〰〰〰〰〰〰〰〰〰〰〰〰

   a. 몸을 만들었어요   *b.* 몸이 약했어요   *c.* 몸을 망쳤어요   *d.* 몸이 근질거렸어요

2. 〰〰〰〰〰〰〰〰〰〰〰〰〰〰 먼저 잘게요.

   a. 몸을 만들어서   *b.* 몸을 망쳐서   *c.* 몸이 안 좋아서   *d.* 몸에 배어서

3. 요즘 〰〰〰〰〰〰〰〰〰〰〰〰〰 헬스장에 다녀요.

   a. 몸을 사리려고   *b.* 몸을 망치려고   *c.* 몸을 살리려고   *d.* 몸을 만들려고

[4~6] 가장 자연스러운 문장을 고르세요.

Choose the most natural sentence.

4. *a.* 요즘 운동을 해서 몸이 근질거려요.   *b.* 요즘 운동을 못 해서 몸이 근질거려요.

   c. 요즘 밥을 잘 먹어서 몸이 근질거려요.   *d.* 요즘 밥을 잘 안 먹어서 몸이 근질거려요.

5. *a.* 일찍 일어나는 게 몸에 뱄어요.   *b.* 키가 크는 게 몸에 뱄어요.

   c. 결혼하는 게 몸에 뱄어요.   *d.* 점심 먹는 게 몸에 뱄어요.

6. *a.* 몸 좀 사리려고 운동을 열심히 하고 있어요.   *b.* 몸을 사릴 때는 충분히 자는 게 좋아요.

   c. 처음에는 어색했는데 벌써 몸을 사렸어요.   *d.* 또 다치지 않도록 몸 좀 사리세요.

Section II - Reading Comprehension

다혜가 쓴 글을 읽고 문제를 풀어 보세요.

Read what Dahye wrote and answer the questions.

나는 학교 앞에서 친구랑 같이 산다. 친구는 내가 아는 사람 중에서 가장 열심히 공부하는 사람이다. 매일 새벽 3시, 4시까지 공부를 하고, 아침에도 7시에 일어나서 도서관에 간다. 그렇게 해도 피곤해 하지 않는다. 새벽까지 공부하는 게 몸에 배기도 했고, 몸이 튼튼해서 잠을 조금만 자도 괜찮다고 한다.

지난주에 친구랑 같이 시험 공부를 하다가 새벽 1시에 자려고 했는데, 친구가 이렇게 말했다. "벌써 자려고? 이번 시험 정말 어렵대. 더 공부하자."

친구 말을 듣고 잠을 잘 수가 없어서 같이 공부하다가 새벽 4시에 잤다. 그리고 바로 다음 날 감기에 걸렸다.

일주일이 지났는데 아직 감기가 낫지 않아서 오늘 병원에 갔다. 병원에서 의사 선생님이 "무슨 일 있으셨어요? 몸을 너무 ＿＿＿＿＿㉠＿＿＿＿＿."라고 말했다.

㉡그냥 하루 잠을 늦게 잤을 뿐인데... 앞으로 다시는 늦게 자지 말아야겠다.

7. Choose the phrase that best fits in the blank ㉠.

   a. 약해지지 마세요   b. 만들지 마세요

   c. 사리지 마세요   d. 혹사시키지 마세요

8. How must Dahye have felt at ㉡?

   a. 기쁘다   b. 당황스럽다

   c. 재미있다   d. 불편하다

9. Choose the correct statement according to the writing.

   a. 다혜의 친구는 다혜가 아는 사람 중에 공부를 가장 잘한다.

   b. 다혜의 친구는 감기에 걸린 적이 없다.

   c. 다혜의 친구는 하루에 네 시간을 자도 피곤해 하지 않는다.

   d. 다혜의 친구는 시험 공부를 하다가 감기에 걸렸다.

Section III - Listening Comprehension

대화를 잘 듣고, 아래 문장이 맞으면 T를, 틀리면 F를 쓰세요. 대화는 두 번 들려 드립니다.

Listen to the dialogue and decide if the statement is true or false. Write "T" if the statement is true and "F" if it is false. The dialogue will be played twice.

                                                       * 무리하다 = *to overdo, to overstrain*
                                                             * 근육 = *muscle*

10. 여자는 요즘 운동을 하고 있다.

11. 여자는 바디 프로필 사진 때문에 몸을 망쳤다.

12. 여자는 바디 프로필 사진 때문에 몸을 망칠 수 있다는 것을 알고 있었다.

                                                               * 영양소 = *nutrient*
                                                              * 오히려 = *rather*

13. 여자는 몸이 약한 편이다.

Section IV - Dictation

대화를 잘 듣고 밑줄 친 부분에 알맞은 말을 쓰세요. 대화는 두 번 들려 드립니다.

Listen carefully and fill in the blanks. The dialogue will be played twice.

동근: 예림 씨는 14. _____ 왜 그렇게 운동을 심하게 해요?

예림: 몸이 약하니까 몸을 튼튼하게 만들기 위해서 하죠. 그리고 운동하는 김에 몸도 만들고 싶어서요.

동근: 그래도 15. _____ 좋지 않아요.

    오히려 몸을 망치는 지름길*이에요.

예림: 정말요?

동근: 네. 16. _____ 있을 것 같아요.

                                                                    * 지름길 = *shortcut*

Section V - Speaking Practice

Section IV의 대화를 한두 문장씩 들려 드리고, 긴 문장은 나누어서 들려 드립니다. 잘 듣고 따라 하세요. 완전한 대화문은 Answer Key에서 확인할 수 있습니다.

A native speaker will read the dialogue from Section IV one or two sentences at a time. If a sentence is too long, it may be split into two or three parts. Listen and repeat after each part. You can check out the complete dialogue in the Answer Key at the back of the book.

Vocabulary

새벽	dawn, daybreak	바디 프로필 (사진)	body profile picture	근육	muscle	오히려	rather, on the contrary
지나다	to pass by	무리하다	to overdo, to overstrain	영양소	nutrient	지름길	shortcut

Lesson 27.
Advanced Situational Expressions 5
칭찬할 때 (Complimenting in Korean)

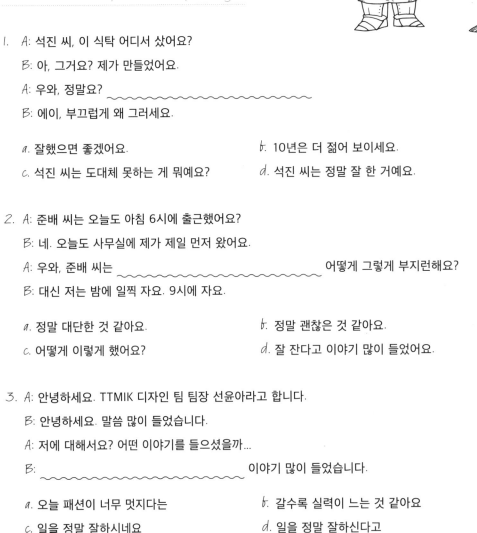

Section I - Complete the Dialogue

밑줄 친 부분에 들어갈 가장 알맞은 표현을 고르세요.

Choose the one that best fits in the blank of the dialogue.

1. A: 석진 씨, 이 식탁 어디서 샀어요?

   B: 아, 그거요? 제가 만들었어요.

   A: 우와, 정말요? _____

   B: 에이, 부끄럽게 왜 그러세요.

   a. 잘했으면 좋겠어요.   b. 10년은 더 젊어 보이세요.

   c. 석진 씨는 도대체 못하는 게 뭐예요?   d. 석진 씨는 정말 잘 한 거예요.

2. A: 준배 씨는 오늘도 아침 6시에 출근했어요?

   B: 네. 오늘도 사무실에 제가 제일 먼저 왔어요.

   A: 우와, 준배 씨는 _____ 어떻게 그렇게 부지런해요?

   B: 대신 저는 밤에 일찍 자요. 9시에 자요.

   a. 정말 대단한 것 같아요.   b. 정말 괜찮은 것 같아요.

   c. 어떻게 이렇게 했어요?   d. 잘 잔다고 이야기 많이 들었어요.

3. A: 안녕하세요. TTMIK 디자인 팀 팀장 선윤아라고 합니다.

   B: 안녕하세요. 말씀 많이 들었습니다.

   A: 저에 대해서요? 어떤 이야기를 들으셨을까...

   B: _____ 이야기 많이 들었습니다.

   a. 오늘 패션이 너무 멋지다는   b. 갈수록 실력이 느는 것 같아요

   c. 일을 정말 잘하시네요   d. 일을 정말 잘하신다고

4. A: 우와, 희주 씨는 어떻게 그렇게 춤을 잘 추세요?

   B: 제가요? 저는 그냥 노래에 맞춰 움직이기만 하는 거예요.

   A: ＿＿＿＿＿＿＿＿＿＿＿＿＿＿ 저도 희주 씨처럼 춤 잘 추고 싶어요.

   B: 제가 가르쳐 드릴게요! 배워 보실래요?

   a. 잘 하신 거예요.   *b.* 너무 부러워요.

   c. 너무 즐거워요.   *d.* 10년은 더 젊어 보이세요.

5. A: 선생님, 머리 자르셨네요.

   B: 응, 어때? 괜찮아?

   A: 네! 너무 잘 어울리세요. ＿＿＿＿＿＿＿＿＿＿＿＿

   B: 하하, 너는 꼭 그렇게 듣기 좋은 소리만 하더라. 고마워.

   a. 정말 잘하시네요.   *b.* 도대체 못하시는 게 뭐예요?

   c. 10년은 더 젊어 보이시는데요?   *d.* 갈수록 실력이 느시는 것 같아요.

6. A: 지나 씨, ＿＿＿＿＿＿＿＿＿＿＿＿＿＿＿＿＿＿

   B: 그래요? 저는 안 늘고 있는 것처럼 느껴져요.

   A: 아니에요. 점점 잘 치는 게 느껴져요.

   B: 다행이에요. 매일 연습하니까 실력이 늘기는 늘었나 봐요. 감사합니다.

   a. 피아노 실력이 늘었어요?   *b.* 피아노 너무 멋져요.

   c. 갈수록 피아노가 괜찮은 것 같아요.   *d.* 갈수록 피아노 실력이 느는 것 같아요.

Section II - Reading Comprehension

한 인터넷 게시판에 올라온 글과 댓글들을 읽고, 문제를 풀어 보세요.

Read the following conversation from an online forum and answer the questions.

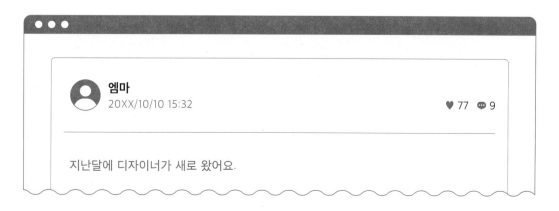

엠마
20XX/10/10 15:32
♥ 77 💬 9

지난달에 디자이너가 새로 왔어요.

일도 잘하고 착해서 빨리 친해지고 싶었는데, 아직 못 친해졌어요.
제가 평소에 말도 잘 못해서 무슨 말을 해야 할지 잘 모르겠어요.

은경
디자이너라고요? 옷에 관심이 많은 사람이면 "_____ ㉠ _____"라고 말해 주면
좋아할 것 같아요!

ㄴ **엠마** 옷을 잘 못 입는 제가 칭찬해도 괜찮겠죠? ^^;

ㄴ **은경** 괜찮아요. "저도 OO 씨처럼 옷을 잘 입고 싶어요" 이렇게 말하면 되죠.

ㄴ **엠마** 오, 그거 괜찮은데요? 고마워요!

제이슨
한국 사람들은 어려 보이는 것을 좋아한다고 들었어요. "10년은 더 젊어 보이세요"라고
말하는 건 어때요?

ㄴ **엠마** ㅎㅎ 그 표현은 나이가 ___ ㉡ ___ 사람한테 쓸 수 있는 표현이에요.

나이가 ___ ㉢ ___ 사람한테 그렇게 말하는 건 칭찬이 아닐 수도 있어요.

ㄴ **제이슨** 정말요? 몰랐어요. 실수할 뻔했네요.

경화
제 생각에는 자연스럽게 칭찬하는 게 제일 좋을 것 같아요. 갑자기 칭찬하면 어색할 것 같
아요. 같이 일하다가 자연스럽게 "㉣일을 정말 잘하시네요"라고 말해도 좋을 것 같아요.

ㄴ **엠마** 맞아요. 저도 갑자기 칭찬하는 건 어렵더라고요. 고마워요, 경화 씨!

Vocabulary
칭찬하다 = *to compliment*

7. *Choose the expression that cannot fit in the blank ㉠.*

   a. 패션 너무 멋져요

   b. 옷이 너무 예뻐요

   c. 옷을 잘 사시네요

   d. 옷을 잘 입으시네요

8. *Choose the words that best fit in the blanks ㉡ and ㉢.*

   a. ㉡ 어린 ㉢ 많은

   b. ㉡ 많은 ㉢ 어린

9. Which one can replace ⓔ?

    a. 어떻게 이렇게 일을 잘하세요?   *b.* 정말 잘 하신 거예요.

    c. 너무 부러워요.   *d.* 일 잘하신다고 이야기 많이 들었어요.

Section III - Listening Comprehension

대화를 잘 듣고, 문제를 풀어 보세요. 대화는 두 번 들려 드립니다.

Listen to the dialogue and answer the following questions. The dialogue will be played twice.

                                                                 * 요리사 = cook, chef

10. Choose what the man is likely to say next in the dialogue.

    a. 우와, 오랫동안 정말 잘하시네요.

    b. 우와, 그렇게 오랫동안요? 어머니께서도 정말 대단한 분이시네요.

    c. 우와, 너무 오래 했네요. 그래도 잘 하신 거예요.

    d. 우와, 오래 잘하신다고 이야기 많이 들었어요.

11. Choose the correct statement based on the dialogue.

    a. 소피아는 아버지가 한국 사람이다.

    b. 소피아는 어렸을 때 한국에 온 적이 있다.

    c. 소피아는 열두 살 때 TTMIK 요리 학교에 들어갔다.

    d. 소피아는 어머니한테 요리를 배웠다.

Section IV - Dictation

대화를 잘 듣고 밑줄 친 부분에 알맞은 말을 쓰세요. 대화는 두 번 들려 드립니다.

Listen carefully and fill in the blanks. The dialogue will be played twice.

알렉스: 캐시 씨, 12. _____ ?

캐시: 한국 문화를 좋아해서 자연스럽게 언어*도 공부했어요.

알렉스: 너무 부러워요. 혼자 공부하셨어요?

캐시: 네. 제가 사는 동네에는 한국어 가르치는 곳도 없고, 한국어 공부하는 사람들도 거의 없거든요.

알렉스: 우와, 13. _____ .

                                                              * 언어 = language

Section V - Speaking Practice

Section IV의 대화를 한두 문장씩 들려 드리고, 긴 문장은 나누어서 들려 드립니다.
잘 듣고 따라 하세요. 완전한 대화문은 Answer Key에서 확인할 수 있습니다.

A native speaker will read the dialogue from Section IV one or two sentences at a time. If a sentence is too long, it may be split into two or three parts. Listen and repeat after each part. You can check out the complete dialogue in the Answer Key at the back of the book.

Vocabulary

춤을 추다	to dance	관심	interest	자연스럽다	to be natural	요리사	cook, chef
점점	gradually, more and more	칭찬하다	to compliment	오랫동안	for a long time	언어	language
다행	luck, good fortune	표현	expression	열두	twelve (modifying form of the native Korean number 열둘)	동네	neighborhood
디자이너	designer	칭찬	praise, compliment				

Lesson 28.
Despite, Although
-에도 불구하고, -(으)ㄴ/는데도 불구하고

Section I - Complete the Sentence

둘 중에 알맞은 표현을 밑줄 친 부분에 적어서 문장을 완성해 보세요.

Complete the sentences by writing the appropriate expression out of two in the blanks.

1. 이미 충분히 설명을 했는데도 불구하고, ＿＿＿＿＿＿＿＿＿＿＿＿.

| 다 알겠다고 합니다 | 아직도 모르겠다고 합니다 |

2. 숙면을 취했는데도 불구하고, ＿＿＿＿＿＿＿＿＿＿＿＿.

| 계속 피곤해요 | 계속 놀고 싶어요 |

3. 정부의 노력에도 불구하고, ＿＿＿＿＿＿＿＿＿＿＿＿.

| 물가가 계속 상승하고 있습니다 | 상황이 계속 좋아지고 있습니다 |

4. 기대를 안 했는데도, ＿＿＿＿＿＿＿＿＿＿＿＿.

| 너무 재미있었어요 | 너무 재미없었어요 |

5. 아침부터 준비했는데도, ＿＿＿＿＿＿＿＿＿＿＿＿.

| 약속에 늦었어요 | 콘서트에 늦지 않았어요 |

6. 열심히 공부했는데도, ＿＿＿＿＿＿＿＿＿＿＿＿.

| 시험을 잘 봤어요 | 시험을 망쳤어요 |

Section II - Comprehension

밑줄 친 부분에 들어갈 말로 적절하지 않은 것을 고르세요.

Choose the phrase that cannot fit in the blank.

7. _____ 밖에 사람들이 많아요.

    a. 비가 많이 오는데도 불구하고

    b. 눈이 많이 오는데도 불구하고

    c. 날씨가 추운데도 불구하고

    d. 날씨가 따뜻한데도 불구하고

8. 준배 씨는 _____ 회사에 제일 일찍 와요.

    a. 버스를 타고 오는데도 불구하고

    b. 빨리 올 수 있는데도 불구하고

    c. 집이 먼데도 불구하고

    d. 다리를 다쳤는데도 불구하고

9. 현우 씨는 _____ 농구를 잘해요.

    a. 키가 작은데도 불구하고

    b. 연습을 열심히 하지 않는데도 불구하고

    c. 가족들이 다 농구 선수인데도 불구하고

    d. 다리를 다쳤는데도 불구하고

10. 경은 씨는 _____ 여행을 갔어요.

    a. 방학인데도

    b. 하고 있는 일이 많은데도

    c. 다음 주에 시험이 있는데도

    d. 감기에 걸렸는데도

11. 제 친구는 _____ 회사를 그만두고 싶어 해요.

    a. 들어가기 힘든 회사에 다니고 있는데도

    b. 몸이 아픈데도

    c. 일이 어렵지 않은데도

    d. 좋아하는 일을 하는데도

Section III - Reading Comprehension

다음은 뉴스 기사의 일부입니다. 잘 읽고 문제를 풀어 보세요.

The following is an excerpt of a news article. Read carefully and answer the questions.

TTMIK TIMES

수영 진석진, 세 번의 도전 끝에 '올림픽 금메달'

"⊙응원을 많이 해 주셨는데, 메달을 따지 못해 죄송합니다. 다음 올림픽 때는 꼭 금메달을 목에 걸고 돌아오겠습니다." 4년 전 올림픽에서 진석진이 한 말이다. 그리고 4년 뒤 오늘, 진석진은 그 약속을 지켰다. 오늘 있었던 자유형 100m 경기에서 진석진(33)이 금메달을 목에 걸었다.

이번 올림픽은 진석진이 참가하는 마지막 올림픽이다. 진석진은 처음으로 참가했던 8년 전 올림픽에서 5위를 하고 세계의 주목을 받았다. 하지만 4년 전 두 번째 올림픽에서는 12위를 해 올림픽 금메달에서 멀어졌다.

ⓛ그럼에도 불구하고, 그는 포기하지 않고 계속 도전했다. 올림픽을 준비하는 동안 모든 연락을 끊고, 매일 14시간씩 연습을 했다. 그리고 오늘, 세 번의 도전 끝에 드디어 올림픽 금메달을 땄다. 경기 후 그는 지난 올림픽에서 좋은 결과를 보여 주지 못했는데도, 믿고 기다려 주셔서 감사하다고 말했다.

* Vocabulary
도전 = challenge

12. Rewrite the underlined sentence ⊙ using -(으)ㄴ/는데도 불구하고 *to make the sentence sound more formal.*

13. Choose what corresponds to ⓛ.

    a. 4년 전에 과로했던 것

    b. 4년 전에 성적이 좋지 않았던 것

    c. 4년 전에 노력하지 않았던 것

    d. 4년 전에 불안해 했던 것

14. The following is a conversation between three people who are talking about the article above. Choose the person who said the wrong thing.

> 한나: 이 기사 봤어요? 저는 진석진 선수가 올림픽에 세 번 나갔는지 몰랐어요.
>
> 동근: 저도 기사 보고 알았어요. 이번이 마지막 올림픽이라고 하던데, 드디어 금메달을 땄네요!
>
> 은정: 어렸을 때부터 매일 14시간씩 수영 연습을 했다고 하던데, 정말 잘됐어요.
>
> 연우: 올림픽을 준비하는 동안 사람들이랑 연락도 다 끊었었대요. 정말 대단한 것 같아요.

Answer: ~~~~~~~~~~~~~~~~

Section IV - Listening Comprehension

다음은 한국어 말하기 대회 진행자가 한 말의 일부입니다. 잘 듣고 문제를 풀어 보세요. 두 번 들려 드립니다.

Listen carefully to an excerpt of what the host of a Korean speech contest says and answer the following questions. It will be played twice.

                                               * 부 = part, section

15. What is the purpose of this speech?

    a. to inform

    b. to persuade

    c. to instruct

    d. to entertain

16. Choose the incorrect statement according to the excerpt.

    a. 11시부터 2부가 시작된다.

    b. 20명의 학생들이 참가했다.

    c. 대회에 참가하는 학생들은 지금 대기실에 있다.

    d. 발표 주제는 자유 주제다.

Section V - Dictation

대화를 잘 듣고 밑줄 친 부분에 알맞은 말을 쓰세요. 대화는 두 번 들려 드립니다.

Listen carefully and fill in the blanks. The dialogue will be played twice.

주연: 경은 언니, 승완 씨가 몸이 안 좋은데도 불구하고 여기까지 와 줬어요.

경은: 승완 씨, *17.* _____ 와 줘서 정말 고마워요. 몸은 괜찮아요?

승완: 네, 괜찮아요. 초대해 주셔서 감사합니다.

경은: 아니에요. 제가 감사하죠. *18.* _____ 재밌게 놀다 가요.

Section VI - Speaking Practice

Section V의 대화를 한두 문장씩 들려 드리고, 긴 문장은 나누어서 들려 드립니다.
잘 듣고 따라 하세요. 완전한 대화문은 Answer Key에서 확인할 수 있습니다.

A native speaker will read the dialogue from Section V one or two sentences at a time. If a sentence is too long, it may be split into two or three parts. Listen and repeat after each part. You can check out the complete dialogue in the Answer Key at the back of the book.

Vocabulary

기대	expectation	지키다	to keep	번째	counter for ordinal numbers	부	part, section
농구	basketball	자유형	freestyle			주제	topic
다리	leg	경기	race	끊다	to cut off	나누다	to divide
도전	challenge	참가하다	to participate	-씩	each, respectively	발표하다	to announce, to present
응원	support	주목	attention	결과	result		
걸다	to hang	하지만	however				

Lesson 29.
Advanced Situational Expressions 6
기분 좋을 때 (Expressing Happiness in Korean)

Section I - Complete the Dialogue

[1~3] 밑줄 친 부분에 들어갈 가장 알맞은 표현을 고르세요.

Choose the one that best fits in the blank of the dialogue.

1. 경은: 현우 씨, 우리 민송이가 TTMIK 대학교에 합격했어요*!

   현우: 우와! 민송이가 가고 싶어 했던 대학교죠?

   경은: 네, 맞아요.

   현우: 축하해요. ～～～～～～～～～～～～～～～

   * 합격하다 = to pass

   a. 진짜 너무 잘됐네요

   b. 뭔가 좋은 예감이 들어요

   c. 발 뻗고 잘 수 있었어요

   d. 오늘 좋은 일이 생길 것 같아요

2. 연우: 두루 씨, 시험 잘 봤어요?

   두루: 네, 잘 본 것 같아요.

   연우: 우와! 이번에는 꼭 합격했으면 좋겠어요.

   두루: 감사합니다. 합격할 것 같아요. ～～～～～～～～～

   a. 너무 마음이 놓여요

   b. 좋은 예감이 들어요

   c. 일이 잘 풀린 것 같아요

   d. 진짜 너무 잘됐어요

3. 준배: 희주 씨, 희주 씨가 이번 행사 준비하죠?

   희주: 네, 그런데 뭘 어떻게 준비해야 할지 잘 모르겠어요.

   준배: 제가 도와줄까요?

   희주: 정말요? 이런 거 많이 해 본 준배 씨가 도와주면 ～～～～～

   a. 꿈인지 생시인지 모르겠어요

   b. 왠지 오늘 좋은 일이 생길 것 같아요

   c. 일이 잘 풀리는 것 같아요

   d. 제 마음이 좀 놓일 것 같아요

[4~6] 밑줄 친 부분에 들어갈 말로 가장 어색한 표현을 고르세요.

Choose the one that least fits in the blank of the dialogue.

4. 예림: 동근 씨, 걱정했던 일은 해결됐어요?

    동근: 아, 네! 해결됐어요. ＿＿＿＿＿＿＿＿＿＿＿＿.

    예림: 잘됐네요. 어떻게 해결했어요?

    동근: 현우 씨가 도와줬어요.

    a. 이제 마음이 좀 놓여요　　　　　 *b.* 너무 신나요

    c. 왠지 오늘 좋은 일이 생길 것 같아요　 *d.* 이제 발 뻗고 잘 수 있을 것 같아요

5. 수민: 한나 씨, 탁구 대회에서 1등 했다는 얘기 들었어요.

    한나: ＿＿＿＿＿＿＿＿＿＿＿＿.

    수민: 정말 축하해요!

    한나: 감사합니다.

    a. 이게 꿈인지 생시인지 모르겠어요　 *b.* 요즘 일이 잘 풀리는 것 같아요

    c. 날아갈 것 같은 기분이에요　　　　 *d.* 뭔가 좋은 예감이 들어요

6. 예지: 다혜 씨, 어머니 수술 잘 끝났어요?

    다혜: 네. 수술도 잘 끝났고, 어머니도 수술 받기 전보다 더 건강해지셨어요.

    예지: 정말요? ＿＿＿＿＿＿＿＿＿＿＿＿.

    다혜: 맞아요. 걱정해 줘서 고마워요.

    a. 이제 다혜 씨 마음이 좀 놓이겠어요　 *b.* 날아갈 것 같은 기분이었어요

    c. 진짜 너무 잘됐네요　　　　　　　 *d.* 잘돼서 정말 다행이에요

Section II - Reading Comprehension

지나가 쓴 글을 읽고 문제를 풀어 보세요.

Read what Jina wrote and answer the questions.

> 오늘 친구가 2년 동안 준비했던 시험에 합격했다. 합격했다는 메시지를 받자마자 친구한테 전
>
> 화했다.

"진짜 너무 잘됐다. 정말 축하해!" (ⓐ   )

내 말을 듣고 친구가 "고마워. 이번에 합격해서 정말 다행이야. 이제 발 뻗고 잘 수 있을 것 같아"라고 말했다. (ⓑ   ) 왜냐하면 내 친구는 내가 아는 사람 중에 가장 긍정적인 사람이기 때문이다. 항상 웃고 있고, 아무리 힘든 일이 있어도 슬퍼하거나 힘들어하지 않는다. 아무 일이 없어도 "왠지 오늘 좋은 일이 생길 것 같아. ⎯⎯⎯⎯ⓒⓙ⎯⎯⎯⎯."라고 자주 말한다.

대학교에 다닐 때 친구는 아르바이트를 여러 개 했었다. 수업이 끝나자마자 뛰어서 아르바이트를 가야 했는데도 불구하고, 전혀 힘들어하지 않았다. 오히려 신난다고 말하는 밝은 친구였다. 그래서 나는 친구가 시험을 준비하는 동안 힘들어하고, 잠도 잘 못 잤다는 것을 전혀 몰랐다. 친구한테 힘이 되어 주지 못한 것 같아서 미안했다. (ⓒ   ) 친구가 시험에 합격해서 정말 다행이고, 앞으로도 친구한테 좋은 일만 생겼으면 좋겠다. (ⓓ   )

7. Choose the phrase that best fits in the blank ㉠.

   a. 너무 마음이 놓여

   b. 이게 꿈인지 생시인지 모르겠어

   c. 뭔가 좋은 예감이 들어

   d. 진짜 너무 잘됐어

8. Choose the most appropriate place for the sentence below.

   나는 친구의 말을 듣고 너무 놀랐다.

   a. ⓐ   b. ⓑ   c. ⓒ   d. ⓓ

9. Choose what you can find out from the writing.

   a. 지나의 친구는 한 번도 운 적이 없다.

   b. 지나의 친구는 아르바이트 때문에 잠을 잘 못 잤다.

   c. 지나의 친구는 시험이 끝나자마자 잠을 잤다.

   d. 지나의 친구는 시험에 합격해서 마음이 편해졌다.

Section III - Listening Comprehension

A가 하는 말을 듣고, B의 반응으로 더 자연스러운 것을 고르세요.

Listen to what "A" says and choose what "B" would say.

10. *a.* B: 네, 너무 신나요!

   b. B: 네, 이제 발 뻗고 잘 수 있을 것 같아요.

11. *a.* B: 네, 기분이 날아갈 것 같아요!

   b. B: 네, 이제 마음이 놓여요.

12. *a.* B: 네, 이게 꿈인지 생시인지 모르겠어요.

   b. B: 네, 왠지 오늘 좋은 일이 생길 것 같아요.

Section IV - Dictation

대화를 잘 듣고 밑줄 친 부분에 알맞은 말을 쓰세요. 대화는 두 번 들려 드립니다.

Listen carefully and fill in the blanks. The dialogue will be played twice.

두루: 다혜 씨, 취업했어요*?

다혜: 네! 제일 가고 싶었던 회사에 취업했어요. 이게 13. _____ 모르겠어요.

두루: 정말요? 진짜 너무 잘됐다!

다혜: 감사해요. 정말 14. _____

* 취업하다 = *to get a job, to be employed*

Section V - Speaking Practice

Section IV의 대화를 한두 문장씩 들려 드리고, 긴 문장은 나누어서 들려 드립니다.
잘 듣고 따라 하세요. 완전한 대화문은 Answer Key에서 확인할 수 있습니다.

A native speaker will read the dialogue from Section IV one or two sentences at a time. If a sentence is too long, it may be split into two or three parts. Listen and repeat after each part. You can check out the complete dialogue in the Answer Key at the back of the book.

Vocabulary

합격하다 to pass	긍정적이다 to be optimistic	오히려 rather
왜냐하면 because	여러 many, several	취업하다 to get a job, to be employed

Section I - Comprehension

[1~3] 밑줄 친 부분에 들어갈 말로 적절하지 않은 것을 고르세요.

Choose the phrase that cannot fit in the blank.

1. 여기에서 기다리지 말고, _____?

   a. 친구들이랑 같이 가는 건 어때요   *b.* 안에 들어가는 건 어때요

   c. 그냥 여기 있는 건 어때요   *d.* 오늘 쉬는 날인지 알아보는 건 어때요

2. _____, 인터넷으로 알아보는 건 어때요?

   a. 아직 결정하지 말고   *b.* 혼자 가지 말고

   c. 걱정만 하지 말고   *d.* 직접 가서 사지 말고

3. A: 준배 씨, 과장님이 왜 저한테 보고서 다시 쓰라고 하신 거예요?

   B: 글쎄요. 저는 그냥 과장님이 _____ 전달했을 뿐이에요.

   a. 주신 대로   *b.* 보내 주신 대로

   c. 말씀하신 대로   *d.* 생각하신 대로

[4~6] 밑줄 친 부분에 들어갈 가장 알맞은 표현을 고르세요.

Choose the one that best fits in the blank of the dialogue.

4. 본 대로 _____.

   a. 전달했을 뿐이에요   *b.* 궁금했을 뿐이에요

   c. 잠깐 목소리를 듣고 싶었을 뿐이에요   *d.* 문을 닫았을 뿐이에요

5. 여기가 제일 좋다고 하니까, ～～～～～～～～～～～～～～～

     a. 내일 다시 오는 게 좋을 것 같아요   *b.* 오늘은 좀 쉬는 게 좋을 것 같아요

     c. 오늘은 일찍 자는 게 좋을 것 같아요   *d.* 여기를 제일 먼저 가는 게 좋을 것 같아요

6. A: 오늘 비 오는 장면 촬영할 수 있을까요?

    B: ～～～～～～～～～～～～～～～～, 내일 촬영하는 게 좋을 것 같아요.

     a. 내일은 확실히 날씨가 좋다고 하니까   *b.* 내일은 확실히 날씨가 안 좋다고 하니까

     c. 내일은 확실히 비가 안 온다고 하니까   *d.* 내일은 확실히 비가 온다고 하니까

Section II - Complete the Dialogue

Word Bank와 Grammar Bank에서 각각 가장 알맞은 표현을 골라 밑줄 친 부분에 쓰세요. 모두 한 번만 사용됩니다.

Fill in the blanks by choosing the most appropriate word or phrase from the Word Bank and conjugating it with the most appropriate grammar point from the Grammar Bank. Each one is used only once.

Word Bank

- 보여 주다
- 하다
- 시작하다
- 사다
- 쓰여 있다
- 가려고 하다

Grammar Bank

- -(으)ㄴ/는 대로
- -는 게 좋을 것 같아요
- -지 말고
- -았/었/였을 뿐이에요
- -는 건 어때요
- -(ㄴ/는)다고 하니까

주연: 현우 씨, 벌써 10시예요. 집에 안 가요?

현우: 먼저 가세요. 저는 파티 준비 좀 더 하고 갈게요.

주연: 아직도 할 일이 많이 남아 있어요?

현우: 네, 꽃다발도 만들어야 되고, 동영상도 완성해야 돼요.

주연: 꽃다발을 만든다고요? 직접 만들지 말고, 꽃집에서 7. ～～～～～～～～～～～～?

현우: 아침에 꽃집에 갔었는데, 작은 꽃다발은 안 팔더라고요. 금방 만들 수 있어요.

주연: 오늘 다 하고 집에 8. ～～～～～～～～～～, 동영상은 내일 아침에 마무리하는 건 어때요?

현우: 그래야겠어요. 어차피 동영상은 사람들한테 저녁에 9. ～～～～～～～～～ 내일 아침에

    와서 마무리해도 괜찮겠죠?

주연: 그럼요. 꽃다발만 완성하고 집에 가세요. 제가 도와줄게요.

현우: 정말요? 고마워요. 여기 책에 10. _____ 만들면 돼요.

주연: 네. 근데 현우 씨 혼자 일을 다 하는 것 같아요.

현우: 아니에요. 다른 분들이 다 해 놓은 걸 제가 마무리만 11. _____.

주연: 다음부터는 파티 준비를 더 일찍 12. _____.

　　　이렇게 파티 전날 밤까지 준비하지 않도록요.

현우: 맞아요. 도와줘서 고마워요, 주연 씨.

* Vocabulary

완성하다 = to complete

마무리하다 = to finish up

마무리 = finishing up

Section III - Listening Comprehension

라디오 뉴스의 일부를 잘 듣고, 아래 문장이 맞으면 T를, 틀리면 F를 쓰세요. 두 번 들려 드립니다.

Listen carefully to an excerpt of a radio news program, and if the statement is true according to the news, write "T", if the statement is false, write "F". The news will be played twice.

* 최종적으로 = lastly, finally

13. 하반기에 토요일, 일요일 말고 쉬는 날이 없다. _____

14. 국회에서 하반기에 쉬는 날을 더 만들기로 결정했다. _____

15. 남자는 지금부터 휴가를 계획해야 한다고 말하고 있다. _____

16. 많은 사람들이 하반기에 4일 더 쉴 수 있기를 바라고 있다. _____

Section IV - Dictation

대화를 잘 듣고 밑줄 친 부분에 알맞은 말을 쓰세요. 대화는 두 번 들려 드립니다.

Listen carefully and fill in the blanks. The dialogue will be played twice.

경화: 내일 엄청 추울 거라고 들었는데 왜 야외에서 먹는 식당으로 예약했어요*?

예지: 네? 저는 부장님이 17. _____ 했을 뿐이에요.

경화: 거기서 18. _____ 다른 곳에서 하는 건 어때요?

예지: 저 말고 부장님한테 물어보세요.

경화: 부장님, 내일 엄청 19. _____ 실내에서 먹을 수 있는 식당으로 예약

　　　하는 게 좋을 것 같아요.

* 예약하다 = to make a reservation

Section V - Speaking Practice

Section IV의 대화를 한두 문장씩 들려 드리고, 긴 문장은 나누어서 들려 드립니다.
잘 듣고 따라 하세요. 완전한 대화문은 Answer Key에서 확인할 수 있습니다.

A native speaker will read the dialogue from Section IV one or two sentences at a time. If a sentence is too long, it may be split into two or three parts. Listen and repeat after each part. You can check out the complete dialogue in the Answer Key at the back of the book.

Vocabulary

보고서	report, paper	마무리하다	to finish up	빼다	to subtract, to take something (away) from something	최종적으로	lastly, finally
글쎄요.	I'm not sure.	마무리	finishing up			계획하다	to plan
촬영하다	to shoot (video)	전날	the day before	사실	fact	엄청	very, much
꽃다발	bouquet	늘리다	to increase, to expand	공휴일	public holiday	야외	the outside, the outdoors
완성하다	to complete			겹치다	to overlap, to coincide	예약하다	to make a reservation
꽃집	flower shop	기자	reporter				

Answer Key
for
TTMIK
Workbook
Level 8

Lesson 1

Section I - Complete the Dialogue

1. 눈 밖에 난 것 같아요
2. 눈을 붙였거든요
3. 눈빛만 봐도 다 알더라고요
4. 눈앞이 캄캄하더라고요
5. 눈이 높거든요 (눈이 높더라고요 is also possible.)
6. 눈썰미가 좋은 것 같아요

Section II - Fill in the Blank

<Translation>

TTMIK TIMES

<Entertainment>   More Entertainment News

Hyunwoo Sun: Now Kyeong-eun Choi and I know just by looking into each other's eyes.

The Secret of Director Duru Kang's New Movie Poster That Only Sharp Eyes Can Spot

Musical actress Kyung-hwa Sun: I also got on my parents' bad side because I did nothing but sing every day at home.

<Life/Culture>   Moe Life/Culture News

The Importance of Having Habitual Mid-day Naps

The More Picky You Are, the Less Likely You Are to Overspend

There are days when I have just one customer a day. I feel "Hopeless".

7. 눈빛   8. 눈썰미   9. 눈
10. 눈   11. 눈   12. 눈앞

Section III - Listening Comprehension

<Transcript>

남자: 저 내일 캐시 교수님 만날 건데, 시험을 너무 못

본 것 같아서 눈앞이 캄캄해요.

여자: 걱정하지 마세요. 캐시 교수님은 그렇게 무서운 분이 아니에요.

남자: 사실... 지각을 많이 해서 이미 교수님 눈 밖에 난 것 같아요.

여자: 그러니까 다음부터는 지각하지 말고, 시험 공부도 열심히 하세요.

Man: I'm going to see Professor Cassie tomorrow. I don't know what to do because I think I did really badly on the exam.

Woman: Don't worry. Professor Cassie is not that scary.

Man: Actually, I was often late for class, so I think I already got on her bad side.

Woman: So don't be late from now on, and study hard for the exam.

13. b   14. b, d

Section IV - Dictation

15. 눈앞이 캄캄했어   16. 저기서 눈 좀 붙여

Section V - Speaking Practice

경은: 도와줘서 고마워.
　　　[도와줘서 고마워.]
　　　혼자 하려고 하니까 눈앞이 캄캄했어.
　　　[혼자 하려고 하니까 누나피 캄캄해써.]

현우: 아니야. 이걸 어떻게 혼자 해. 혼자 다 못 하지.
　　　[아니야. 이걸 어떠케 혼자 해. 혼자 다 모타지.]

경은: 일하다가 피곤하면 저기서 눈 좀 붙여. 알겠지?
　　　[일하다가 피곤하면 저기서 눈 좀 부처. 알겐찌?]

현우: 응, 알겠어. 우리 조금만 더 힘내자!
　　　[응, 알게써. 우리 조금만 더 힘내자!]

Kyeong-eun: Thanks for helping me. I was trying to do it by myself, but I panicked.

Hyunwoo: No worries. It's impossible for you to do this all by yourself. You can't finish this on your own.

Kyeong-eun: If you get tired while working on it, get
        some sleep over there. Okay?

Hyunwoo: Okay. Let's keep going.

Lesson 2

Section I - Comprehension

1. a   2. c   3. b   4. d   5. b   6. a

Section II - Reading Comprehension

<Translation>

March 3rd, 20XX

Today, during the Korean language class, I learned
the Korean folk tale, "Heungbu and Nolbu".
Heungbu is the name of the kind-hearted younger
brother, and Nolbu is the name of the greedy older
brother. Poor Heungbu had 12 children who were
the apple of his eye. Heungbu tried to borrow
rice from Nolbu for his hungry children. However,
Nolbu, who was blinded by his greed, didn't bat
an eye. One day, Heungbu helped out a swallow
with an injured leg. The swallow gave the Heungbu
family a big gift, and the Heungbu family became
rich. Nolbu, who heard about this story, wanted to
become richer. So he broke a swallow's leg on pur-
pose. As a punishment, the Nolbu's family became
poor. "Heungbu and Nolbu" is a story about how
important it is to not be greedy and live kind-
heartedly. When I learn Korean folk tales, I come to
know more about Korean culture. Now I know why
my friends call greedy people "Nolbu". I want to
learn other Korean folk tales as soon as possible.

7. b   8. b   9. c

Section III - Listening Comprehension

<Transcript>

여자: 오늘은 영화 '눈이 부시게 아름다운 날'의 주인공
    진석진 씨를 만나 보겠습니다! 안녕하세요, 석진
    씨. 잘 지내셨어요?

남자: 네. 잘 지내셨어요? 2년 만이죠?

여자: 네. 시간이 정말 눈 깜짝할 사이에 지나갔네요.
    2년 동안 벌써 영화를 세 편 찍으셨어요. 비결
    이 뭐예요?

남자: 음... 눈에 띄지 않는 얼굴? 무명 배우부터 학생까
    지 다 잘 어울리는 얼굴이죠.

여자: 정말 겸손하시네요. 그럼 이제 이번 영화 소개 좀
    해 주세요.

남자: 네. 영화 '눈이 부시게 아름다운 날'은 큰 병에 걸
    린 무명 배우가 고향으로 돌아가 가족이랑 같이
    남은 시간을 보내는 이야기예요. 가족들하고 같
    이 보기 좋은 영화입니다.

여자: 그래서 제목이 '눈이 부시게 아름다운 날'이군요.
    정말 재밌을 것 같아요. 기대하겠습니다!

Woman: Today we're going to meet Jin Seokjin,
        who played the main role in the movie,
        Dazzlingly Beautiful Day! Hello, Seokjin.
        How have you been?

Man: Good. How have you been? It's been two
        years, right?

Woman: Yes. Time really went by in the blink of an
        eye. You've already filmed three movies in
        two years. What is your secret?

Man: Umm... my face that doesn't stand out? I
        have a face that suits every role from an
        unknown actor to a student.

Woman: You're very humble. Then please intro-
        duce the movie you filmed recently.

Man: Yes. The movie *Dazzlingly Beautiful Day* is
        about an unknown actor who has a terminal
        disease going back to his hometown and
        spending the rest of his time with his family.
        It's a good movie to watch with your family.

Woman: That is why the title is *Dazzlingly Beautiful
        Day*. I see. I think it's going to be really
        enjoyable. I'll look forward to it!

10. a   11. d

Section IV - Dictation

12. 눈에 넣어도 아프지 않을 것 같아요

13. 저랑 눈만 마주치면 울어요

Section V - Speaking Practice

현우: 예지 씨 조카들은 너무 귀여워서

[예지 씨 조카드른 너무 귀여워서]

눈에 넣어도 아프지 않을 것 같아요!

[누네 너어도 아프지 아늘 껃 가타요!]

예지: 네, 맞아요!

[네, 마자요!]

저를 보고 방긋방긋 웃을 때가 제일 사랑스러워요.

[저를 보고 방귿빵귿 우슬 때가 제일 사랑스러워요.]

현우: 정말요? 저희 조카들은 저랑 눈만 마주치면 울어요.

[정마료*? 저히 조카드른 저랑 눈만 마주치면 우러요.]

예지: 현우 씨가 항상 괴롭히니까 울 수밖에 없죠!

[허누 씨가 항상 괴로피니까 울 쑤바께 업쬬!]

* Native speakers often pronounce 정말요 as [정말료] as well.

Hyunwoo: Your nieces/nephews are so adorable. They must be the apples of your eye.

Yeji: Exactly! They are cutest when they smile at me.

Hyunwoo: Really? My nieces/nephews burst into tears whenever our eyes meet.

Yeji: Of course they cry. You always bug them!

Lesson 3

Section I - Complete the Dialogue

1. 공연이 끝나기가 무섭게 or 공연이 끝나기가 바쁘게

2. 제 말이 끝나기가 무섭게 or 제 말이 끝나기가 바쁘게

3. 용돈을 받기가 무섭게 or 용돈을 받기가 바쁘게

4. 밥을 주기가 무섭게 or 밥을 주기가 바쁘게

5. 침대에 눕기가 무섭게 or 침대에 눕기가 바쁘게

6. 물을 사기가 무섭게 or 물을 사기가 바쁘게

Section II - Reading Comprehension

<Translation>

TTMIK TIMES

Wake up at 4 a.m. every day to make "a warm and fresh toast"

At 8 a.m., as soon as "A" opens his cafe, the guests come in. What do you think is the secret to the success of this small cafe that can only accommodate five visitors at a time?

We asked the guests who have been visiting this cafe since morning about why.

"The prices are inexpensive."

"As soon as I order, the toast comes out."

"First of all, it tastes good."

Inexpensive prices, high speed, indisputable flavor. These three are the factors that the owner of the cafe, "A", considers the most important.

Due to this, "A" says he wakes up at 4 a.m. every day.

"The secret to my cafe is fresh-baked bread and fresh ingredients. As soon as I open my eyes in the morning, I come here and go to the morning market. And as soon as I come back, I start making bread.

7. c

8. 돌아오기가 바쁘게, 돌아오자마자

9. 예림

Section III - Listening Comprehension

<Transcript>

김희주 님의 사연입니다.

"안녕하세요, 경은 님. 저는 서울에 살고 있는 김희주 라고 해요.

저는 강아지 뽀삐랑 같이 살고 있는데요. 뽀삐는 항상

제가 집에 돌아오기만을 기다리고 있어요. 제가 문을 열기가 무섭게 저한테 달려오죠. 저만 기다리고 있는 뽀삐 생각에 저도 일이 끝나기가 무섭게 집에 가요. 그런데 요즘 제가 일이 많아서 매일 집에 늦게 들어가고 있어요. 혼자 있는 시간이 많아진 뽀삐가 걱정돼요."라고 사연 보내 주셨어요.

희주 씨가 강아지를 정말 많이 사랑하는 게 느껴지네요. 희주 씨 사연을 읽다 보니까 저도 집에서 기다리고 있을 저희 고양이가 정말 보고 싶네요. 오늘 라디오 끝나기가 무섭게 집에 가야 될 것 같아요.

This is a story sent in by Heeju Kim.

"Hello, Kyeong-eun. I'm Heeju Kim, who is living in Seoul.
I'm living with a puppy, Poppy. They always only wait for me to come home. As soon as I open the door, they run to me. I also go home as soon as I finish work thinking about them, who only wait for me. However, I had a lot of work recently, so I've been going home late every day. I'm worried about them who now have to spend time on their own," said Heeju.

I can feel that Heeju loves her dog very much. As I was reading Heeju's story, I also miss my cat, who is waiting at home. I think I'll have to go home as soon as this show is over today.

10. T   11. F   12. F   13. T

Section IV - Dictation
14. 일 끝나기가 무섭게 집에 갔어요
15. 여섯 시 되기가 무섭게 퇴근했어요

Section V - Speaking Practice
경은: 주연 씨 어디 갔어요?
　　[주연 씨 어디 가써요?]
석진: 일 끝나기가 무섭게 집에 갔어요.
　　[일 끈나기가 무섭께 지베 가써요.]

경은: 아, 벌써요?
　　[아, 벌써요?]
석진: 네. 친구 만난다고 6시 되기가 무섭게 퇴근했어요.
　　[네. 친구 만난다고 여섣씨 되기가 무섭께 퇴근해써요.]

Kyeong-eun: Where is Jooyeon?
Seokjin: She headed home as soon as she got her work done.
Kyeong-eun: Did she? Already?
Seokjin: Yes. As soon as it turned six, she got off work to meet her friend.

Lesson 4

Section I - Conjugation Practice
1. 갔던   2. 일했던   3. 읽었던
4. 참았던   5. 먹었던   6. 이야기했던

Section II - Reading Comprehension

<Translation>

TTMIK MAGAZINE

Q: Have you dreamt of being a celebrity since you were young, Kyeong-eun Choi?
A: No, because I was pretty quiet.

Q: Really? Then how did you wind up making your debut?
A: The director happened to visit the cafe where I was working. As soon as he saw me, he asked me if I was willing to play the main role in his drama.

Q: Wow, you made your debut all of a sudden. Your parents must've been surprised.
A: Right. They said, "How can a quiet person like you be a celebrity?" Since their child, who was quiet, said she would be a celebrity all of a sudden, they were surprised a lot.

Q: You've been loved by a lot of people, these days. How do you feel?

A: Right. I don't even have a day off these days, but I'm really grateful.

Q: Wow, you're really busy. When was the last time you went on a vacation?

A: I don't even remember when I went on a vacation last time.

7. 조용하던 (조용했던 is also possible.)

8. b

9. c

Section III - Listening Comprehension

<Transcript>

여자: 승완 씨, 어제 뭐 했어요?

남자: 아, 은경 씨! 저요? 저 이제 영화 봤어요.

여자: 오, 무슨 영화 봤어요?

남자: 전에 은경 씨가 핸드폰으로 보던 영화 있잖아요. 그 영화 봤어요. 이름이 기억이 안 나네요.

여자: 아! '행복한 하루' 맞죠? 저도 어제 다 봤어요. 그 영화 정말 재밌지 않아요?

남자: 네, 정말 재밌더라고요. 참, 그 영화 감독이 만든 다른 영화가 내일 개봉한대요. 우리 내일 같이 볼래요?

여자: 좋아요. 홍대입구역에서 보는 거 어때요? 홍대입구역 가 봤어요?

남자: 그럼요. 대학생 때 자주 가던 곳이에요. 역 앞 햄버거 가게에서 만나요.

여자: 아, 거기 있던 가게 없어졌어요. 그냥 9번 출구 앞에서 만나요.

남자: 정말요? 몰랐어요. 그럼 9번 출구 앞에서 만나요.

Woman: Seung-wan, what did you do yesterday?

Man: Oh, hey, Eunkyeong, me? I saw a movie yesterday.

Woman: Oh, what movie did you see?

Man: You know, the movie you were watching on your phone the other day. I saw that movie. I don't remember the name.

Woman: Ah! *Happy Day*, right? I also finished it yesterday. Isn't it really enjoyable?

Man: Yes, it was really enjoyable. By the way, another movie made by the director will be released tomorrow. Shall we watch it together?

Woman: Sounds good. How about watching it near Hongik Univ. Station? Have you been there?

Man: Sure. I used to go there often when I was a college student. Let's meet at the hamburger place in front of the station.

Woman: Ah, the store that used to be there is gone. Let's just meet in front of exit 9.

Man: Really? I didn't know. Then let's meet in front of exit 9.

10. F   11. T   12. F   13. T

Section IV - Dictation

14. 예전에 입었던 옷이랑 신발인데

15. 정말 좋아했던 신발 아니에요

Section V - Speaking Practice

주연: 경화 씨, 이게 다 뭐예요?

   [경화 씨, 이게 다 뭐예요?]

경화: 예전에 입었던 옷이랑 신발인데 누구 주려고요.

   [예저네 이벋떤 오시랑 신바린데 누구 주려고요.]

주연: 이 신발도요?

   [이 신발도요?]

   이거 경화 씨가 정말 좋아했던 신발 아니에요?

   [이거 경화 씨가 정말 조아핻떤 신발 아니에요?]

경화: 맞아요.

   [마자요.]

   근데 어차피 가지고 있어도 안 신을 것 같아요.

   [근데 어차피 가지고 이써도 안 시늘 껏 가타요.]

Jooyeon: Kyung-hwa, what are all these things?

Kyung-hwa: These are some clothes and shoes that I used to wear, but I am planning to give them away.

Jooyeon: Even these shoes? Aren't they ones that you used to like a lot?

Kyung-hwa: Right. But I think I'm not going to wear them anymore anyway, even if I keep them.

Lesson 5

Section I - Complete the Dialogue

1. 이러시면 곤란합니다
2. 안 그러셔도 괜찮아요
3. 어려울 것 같아요
4. 됐어요
5. 아니에요

Section II - Reading Comprehension

<Translation>

November 20th, 20XX

Today, in Korean class, I learned the expressions that I can use when I refuse. It was interesting that there were a lot of kind expressions like "You don't have to do that", "I don't think I can do it." (ⓐ) Maybe Korean people think about other people's feelings a lot when they refuse. In the past, I had a meal with my manager, and he told me, "David, eat some more." However, I didn't know expressions like "I'm not hungry now" or "I'm fine," so I told him "I don't want to." (ⓑ) I think he was very surprised. (ⓒ) Among the expressions that I learned yesterday, the most difficult one was "I can't do it now." I heard that it's the expression that I can use when I can't do someone a favor right away. (ⓓ) I think I'll use it often in the office. It's difficult because there are too many expressions that I use when I refuse. However, I'd like to study hard and use them well.

6. b   7. d   8. a

Section III - Listening Comprehension

<Transcript>

a. 남자: 제가 들어 줄게요.
　 여자: 괜찮아요.
　 Man: Let me hold it for you.
　 Woman: I'm fine.

b. 남자: 도와드릴까요?
　 여자: 괜찮아요.
　 Man: Can I help you?
　 Woman: I'm fine.

c. 남자: 예지 씨, 몸은 좀 어때요?
　 여자: 괜찮아요.
　 Man: Yeji, how are you feeling?
　 Woman: I'm fine.

9. c

Section IV - Dictation

10. 아, 저는 괜찮습니다
11. 그냥 지금은 밥 생각이 없어서요

Section V - Speaking Practice

석준: 다혜 씨, 저희랑 같이 점심 먹을래요?
　　 [다혜 씨, 저희랑 가치 점심 머글래요?]

다혜: 아, 저는 괜찮습니다. 드시고 오세요.
　　 [아, 저는 괜찬씀니다. 드시고 오세요.]

석준: 점심 약속 있어요?
　　 [점심냑쏘기써요?]

다혜: 아, 아니요. 그냥 지금은 밥 생각이 없어서요.
　　 [아, 아니요. 그냥 지그믄 밥쌩가기 업써서요.]

Sukjun: Dahye, do you want to have lunch with us?

Dahye: Ah, I'm good. Enjoy your lunch.

Sukjun: Do you have other plans for lunch?

Dahye: Ah, no, I'm just not in the mood.

Lesson 6

Section I - Conjugation Practice

1. 잠을 잔다는 뜻이에요

2. 아주 사랑스럽다는 뜻이에요

3. 어떻게 해야 할지 전혀 모르겠다는 뜻이에요

4. 한 번 본 것도 잘 기억하거나 똑같이 따라 할 수 있다는 뜻이에요

5. 조금도 놀라지 않는다는 뜻이에요

6. 모습이 아주 아름답다는 뜻이에요

Section II - Reading Comprehension

<Translation>

캐시 @cassie***

What is the meaning of what my friend said last?

———————— May 30th, 20XX, Sunday ————————

캐시: Hey Eunjeong, are you free tomorrow?

은정: Tomorrow? What's up?

캐시: You said you would move next week. I'll help out!

은정: Ah, I'm fine!

———————————————————————————————

May 31th, 20XX, 11:28 PM

데이빗 @david***

괜찮다 means "to be good."

ㄴ 지나 @jina***

No, it's not! In this context, 괜찮다 means "you don't have to help out."

ㄴ 데이빗 @david***

Really? I learned it in Korean class, did my teacher teach me wrong?

ㄴ 지나 @jina***

Ah, you can use it when you agree, but you can also use it when you refuse. It's not that your teacher was wrong.

ㄴ 캐시 @cassie***

Oh, I see. Thanks, Jina!

ㄴ 제임스 @james***

Jina, I also have something to ask. My friend once said "아니에요." Does that mean I am wrong?

ㄴ 지나 @jina***

It depends on the situation. What did you say before that?

ㄴ 제임스 @james***

Um... I said thank you.

ㄴ 지나 @jina***

Then, "아니에요" in that case means that it wasn't a big deal for you to say thank you.

ㄴ 제임스 @james***

I see! Thanks a lot!

7. c   8. b   9. d

Section III - Listening Comprehension

<Transcript>

오늘은 두 가지 이상의 의미를 가지고 있는 문장들을 살펴볼 거예요.

"아직 다 안 왔어요."

이 문장은 어떤 뜻일까요? 아직 아무도 안 왔다는 뜻일까요? 아니면 몇 명은 왔는데 아직 안 온 사람도 있다는 뜻일까요? 두 가지 의미 다 맞아요.

그렇다면 "나 학원 끊었어." 이 문장은 어떤 뜻일까요? 학원을 다니기 시작했다는 뜻일까요? 아니면 학원을 그만뒀다는 뜻일까요?
이 문장도 두 가지 의미 다 맞아요.

이렇게 한국어 문장 중에서는 상황에 따라 두 가지 이상의 의미를 가지는 문장들이 있어요. 그렇기 때문에 앞뒤 문장과 상황을 잘 살펴봐야 해요.

Today we are going to look at sentences that have more than two meanings.

"아직 다 안 왔어요."
What do you think this sentence means? Do you think it means nobody is here yet? Or do you think it means a few people are here, but some are not here yet? Both meanings are correct.

Then what do you think the meaning of "나 학원 끊었어" is?
Do you think it means "I am starting to attend an academy"? Or do you think it means "I quit attending an academy"?
This sentence again has both meanings.

Like this, there are sentences that have more than two meanings in Korean. That is why you have to look carefully at the sentences before and after as well as the situation.

10. b   11. a

Section IV - Dictation

12. 인터넷으로
13. 한다는 뜻이에요
14. 할 수 있다는 뜻이에요

Section V - Speaking Practice

경은: 석진 씨, 라이브 스트리밍이 무슨 뜻이에요?
　　　[석찐 씨, 라이브 스트리밍이 무슨 뜨시에요?]
석진: 아, 인터넷으로 생방송을 한다는 뜻이에요.
　　　[아, 인터네스로 생방송을 한다는 뜨시에요.]
경은: 그런 건 누가 할 수 있어요?
　　　[그런 건 누가 할 쑤 이써요?]
석진: 아무나 할 수 있어요.
　　　[아무나 할 쑤 이써요.]
경은: 그러면 저도 할 수 있다는 뜻이에요?
　　　[그러면 저도 할 쑤 읻따는 뜨시에요?]

Kyeong-eun: Seokjin, what does live streaming mean?
Seokjin: It means to broadcast live through the Internet.
Kyeong-eun: Who can do those kinds of things?
Seokjin: Anyone can.
Kyeong-eun: Then does that mean I can do it too?

Lesson 7

Section I - Complete the Dialogue

1. 공통점, 차이점   2. 원점, 문제점
3. 학점, 요점   4. 강점, 약점
5. 점수, 초점   6. 장점, 단점

Section II - Reading Comprehension

<Translation>
Column >
[Kyeong-eun Choi Column] Finding your own strong point

You have to find your own strong point in order to have a happy life.
When you concentrate on what you are good at, your confidence becomes high as well.

Kyeong-eun Choi, TTMIK University Professor
May 20th, 20XX, 00:00

You have to find your own strong point in order to have a happy life, but a lot of people are more interested in their weak point rather than their strong point. However, isn't it better to make what you are good at into what you are better at than to make what you are bad at into what you are good at? When you concentrate on what you are good at, your confidence will become high as well.
Finding your strong point is easier than you think. Questions to find your strong point are as follows.

- What do I like to do most?
- What have I been doing for the longest time?
- What is the request that other people ask of me most often?
- What's my merit?
- What's my secret method to resolving a problem when it's there?

You will be able to find your strong point if you answer these questions. Let's have a happy life by focusing on our own strong points rather than our weak points.

7. d   8. 지나, 경화   9. b

Section III - Listening Comprehension

<Transcript>

지금 여러분이 보고 계시는 것을 '점자'라고 해요. 점자는 시각 장애인들이 사용하는 '문자'예요. 지금 사용되고 있는 점자는 1821년에 만들어졌어요. 어떤 사람들은 점자를 선이나 점선으로 만든다고 생각해요. 하지만 점자는 작은 점으로 만들어요. 보통 여섯 개의 점을 사용하죠. 손으로 점자를 만져 보세요. 작은 점들이 만져지죠? 이제 10분 뒤에 점자를 어떻게 읽는지 설명할 거예요. 잠깐 쉬고 오세요.

What you guys are looking at right now is called braille. Braille is the letters that visually-impaired people use. The braille used currently was made in 1821. Some people think that braille is made of lines or dotted lines. However, braille is made of little dots. It usually uses six dots. Touch the braille with your hands. You can feel the little dots, right? Now I'll explain how to read braille in 10 minutes. Have a little break and come back.

10. T   11. F   12. T   13. F

Section IV - Dictation

14. 두 소설의 공통점과 차이점

15. 어떤 관점으로 보느냐

16. 요점만 정리하는 게

Section V - Speaking Practice

경화: 이번 과제는 두 소설의 공통점과
　　　[이번 과제는 두 소서레 공통쩜과]
　　　차이점에 대해서 쓰는 거예요.
　　　[차이쩌메 대해서 쓰는 거예요.]

현우: 정말 어렵네요.
　　　[정말 어렴네요.]

경화: 맞아요.
　　　[마자요.]
　　　어떤 관점으로 보느냐에 따라 다를 것 같아요.
　　　[어떤 관쩌므로 보느냐에 따라 다를 껃 가타요.]

현우: 학점을 잘 받기 위해서는
　　　[학쩌믈 잘 받끼 위해서는]
　　　너무 길게 쓰는 것보다
　　　[너무 길게 쓰는 걷뽀다]
　　　요점만 정리하는 게 좋을 것 같아요.
　　　[요쩜만 정니하는 게 조을 껃 가타요.]

Kyung-hwa: The assignment this time is to write about the similarities and differences of the two novels.

Hyunwoo: It sounds so difficult.

Kyung-hwa: Right. I think they can differ depending on the perspective.

Hyunwoo: If we want to get a high grade, I think it's better to summarize the main points rather than writing down everything.

Lesson 8

Section I - Fill in the Blank

1. 시험을 잘 봤으면 좋겠다

2. 살이 안 쪘으면 좋겠다

3. 먹고살 수 있었으면 좋겠다

4. 스무 살이었으면 좋겠다

5. 좋았으면 좋겠다

Section II - Writing Practice

6. 했으면 좋겠다

7. 썼으면 좋겠다

8. 읽있으면 좋겠다

9. 가졌으면 좋겠다

10. 사랑했으면 좋겠다

Section III - Reading Comprehension

<Translation>

Roommate Wanted!

Hello.

I'm looking for a female roommate to live with in front of ○○ University.

Read the following first, and contact me at 010-XXXX-XXXX.

1. I would like it if you are ○○ University student. (I'm also a ○○ University student.)

2. I hope we clean together. I clean every day, so I hope we can do it together by splitting up.

3. I hope you don't invite someone over. If perhaps your family member visits, I hope you let me know in advance.

4. I'm looking for someone who is quiet. I'm really quiet when I'm home, so I hope you don't talk loudly over the phone or turn music on loudly at home.

11. b   12. d   13. 은경

Section IV - Listening Comprehension

<Transcript>

여자: 그 얘기 들었어요? 우리 회사 이사할 수도 있대요.

남자: 정말요? 어디로 가게 될까요? 소희 씨는 어디로 가면 좋겠어요?

여자: 음… 저는 그냥 지하철역이랑 가까웠으면 좋겠어요. 준배 씨는요?

남자: 저는 일단 화장실이 깨끗했으면 좋겠어요. 그리고 사무실이 더 넓어졌으면 좋겠어요. 직원들이 더 많아졌잖아요.

여자: 아, 맞아요. 작년에 비해서 직원들이 많아졌죠.

남자: 아, 참! 그리고 사무실 앞에 편의점도 있었으면 좋겠어요. 너무 멀면 귀찮더라고요. 아, 그리고 헬스장도 가까웠으면 좋겠어요.

여자: 네? 준배 씨, 너무 많은 걸 바라는 것 같은데요?

Woman: Have you heard what they're saying? I hear that maybe we might move our office.

Man: Really? Where do you think we will move to? Where would you like our office to move to, Sohee?

Woman: Umm... I just hope our office is near a subway station. What about you, Joonbae?

Man: First of all, I hope the restrooms will be clean, and the office will be bigger. We have more people now, right?

Woman: Oh, you're right. Compared to last year, we have more people now.

Man: Oh, and I wish there was a convenience store in front of the office as well. I got lazy when it was too far. Oh, and I wish there was a gym near the office as well.

Woman: What? Joonbae, I think you are wishing for too many things.

14. d   15. b

Section V - Dictation

16. 빨리 주말이 왔으면 좋겠어요

17. 금요일이었으면 좋겠는데

Section VI - Speaking Practice

주연: 빨리 주말이 왔으면 좋겠어요.

[빨리 주마리 와쓰면 조케써요.]

예지: 맞아요.

[마자요.]

오늘이 금요일이었으면 좋겠는데

[오느리 그묘이리어쓰면 조켄는데]

아직도 목요일이에요.

[아직또 모교이리에요.]

주연: 아... 일주일에 4일만 일했으면 좋겠다!

[아... 일쭈이레 사일만 일해쓰면 조켄따!]

예지: 그래도 내일 하루만 더 출근하면 주말이니까

[그래도 내일 하루만 더 출근하면 주마리니까]

우리 힘내요.

[우리 힘내요.]

Jooyeon: I hope this weekend comes soon.

Yeji: I know. I wish today was Friday, but it's still only Thursday.

Jooyeon: Ah⋯ I wish we only needed to work four days a week.

Yeji: Let's keep our strength up as we only have to work tomorrow and then it's going to be the weekend!

Lesson 9

Section I - Complete the Sentence

1. 보고는 했어요

2. 온 적 없어요 (와 본 적 없어요 is also possible.)

3. 먹어 봤어요

4. 지각할 뻔했어요

5. 일했었어요

Section II - Reading Comprehension

\<Translation\>

TTMIK TIMES

7 out of 10 of those between 40 and 60 years

old say "It's hard to use kiosks."

"My mom said she went to a hamburger place today, but she didn't know how to use the kiosk, so she came back home. She cried while she was talking about this. I feel really bad."

This is what someone wrote on the internet on the 10th. Thousands of people continuously commented that they experienced something similar.

These days, you can see kiosks at most places, such as restaurants, coffee shops, movie theaters, and hospitals. 7 out of 10 people between 40 and 60 years old say that they find it hard to use the kiosks.

"Because of the kiosks, I'm worried about going to a store. I even left the store once just because I found it difficult to order."

In the comments, there were a lot of people saying that they were reflecting on themselves.
"Reading this story reminds me of my mom who finds it hard to use her mobile phone. When my mom said, "I think the phone is a bit weird", I used to say to her, "I'm busy. Just do a search on the Internet." I feel really sorry."

6. c   7. d   8. b

Section III - Listening Comprehension

\<Transcript\>

남자: 다혜 씨, 이 만화책 읽어 봤어요?

여자: 그럼요! 어렸을 때 제가 좋아했던 만화책이에요.

남자: 그럼 이 책을 쓴 사람이 누군지 알아요?

여자: 글쎄요.

남자: 놀라지 마세요. 이 만화책 석진 씨가 썼대요.

여자: 우와, 정말요? 진짜 신기해요!

남자: 저도 아까 듣고 너무 놀라서 소리 지를 뻔했어요.

여자: 그럼 석진 씨는 요즘도 만화책 쓴대요?

남자: 아니요. 요즘은 바빠서 못 쓴대요. 그런데 제가
　　　 더 놀라운 사실 알려 줄까요?

여자: 네. 뭐예요?

남자: 석진 씨는 그림을 배워 본 적이 없대요.

여자: 우와, 석진 씨 정말 대단하네요!

Man: Dahye, have you read this comic book?

Woman: Sure thing! It's a comic book that I used to
　　　 like when I was a kid.

Man: Then do you know who wrote this book?

Woman: Not sure.

Man: Don't be surprised. I heard that this comic
　　 book is written by Seokjin.

Woman: Wow, really? That's really fascinating!

Man: I was also so surprised when I heard about it
　　 earlier today that I almost screamed.

Woman: Then does Seokjin still write comic books
　　　 these days as well?

Man: No. I heard that he can't because he's busy
　　 these days. However, do you want me to let
　　 you know something more surprising?

Woman: Yes. What is it?

Man: I heard that Seokjin never learned how to
　　 draw from a teacher.

Woman: Wow, Seokjin is really amazing!

9. T　　　 10. T　　　 11. F　　　 12. F　　　 13. F

Section IV - Dictation

14. 배웠었어요　　　 15. 그리곤 했어요

16. 그려 봤어요

Section V - Speaking Practice

보람: 우와! 동근 씨, 그림을 정말 잘 그리시네요!

　　　 [우와! 동근 씨, 그리믈 정말 잘 그리시네요!]

　　　 그림 배운 적 있어요?

　　　 [그림 배운 적 이써요?]

동근: 네, 어릴 때 배웠었어요.

　　　 [네, 어릴 때 배워써요.]

주말마다 아빠랑 같이 그림을 그리곤 했어요.

[주말마다 아빠랑 가치 그리믈 그리곤 해써요.]

보람: 그렇구나! 그림이 너무 예뻐서 한참 봤어요.

　　　 [그러쿠나! 그리미 너무 예뻐서 한참 봐써요.]

동근: 감사해요.

　　　 [감사해요.]

오랜만에 어릴 때 생각이 나서 그려 봤어요.

[오랜마네 어릴 때 생가기 나서 그려 봐써요.]

Boram: Wow! Dong-geun, you are so good at draw-
　　　 ing! Have you learned how to draw from a
　　　 teacher before?

Dong-geun: Yes, I have when I was little. I used to
　　　 paint with my dad on weekends.

Boram: I see! I was looking at your drawing for a
　　　 while because it's so beautiful.

Dong-geun: Thanks. I was reminded of my childhood
　　　 for the first time in a while, so I just tried
　　　 to paint something.

Lesson 10

Section I - Complete the Dialogue

1. 귀가 밝네요

2. 귀에 못이 박히도록 들었는데

3. 귀먹었어요

4. 귀가 간지럽더라고요

5. 귀가 얇잖아요

6. 귀를 기울여서

7. 귀에 대고 속삭였군요

Section II - Reading Comprehension

<Translation>

Duru

March 2nd, 20XX, 18:32

Does anyone else happen to be concerned that
your voice is too small? Today, my friend shouted

at me, "Please don't whisper into my eyes and speak loud!" I'm a bit upset.

10 Comments

Sukjun: Really? You must've been upset. Since my voice is too big, I've instead heard, "I'm not deaf, so lower your voice a bit." Haha.

└ Duru: I thought only people with small voices have difficulties, but it seems that you also have difficulties.

Seung-wan: Don't be too upset. I assume something happened to your friend today.

└ Kyeong-eun: Right, right. Instead, you listen to other people's stories with full attention.

└ Seung-wan: Right. That's Duru's strong point.

└ Duru: Since I was a little boy, I have been told to speak louder too much, so I guess I'm more upset. I tried to fix it, but it didn't work well.

Eunjeong: What your friend said was too harsh.

└ Duru: I guess something happened to him/her today.

└ Eunjeong: Try talking to your friend again tomorrow. By the way, your friend must be feeling like someone is talking behind his/her back today.

└ Duru: Hahaha, I think they are. Thanks anyway, Eunjeong.

8. 귀 안 먹었으니까   9. c   10. d   11. b

Section III - Listening Comprehension

<Transcript>

a. 그 사람은 귀가 얇아서 설득하기 어려워요.

b. 젊었을 때는 저도 귀가 밝았어요.

c. 귀를 기울여서 잘 들어 보세요.

a. He is easily influenced by what people say, so he is difficult to persuade.

b. I used to have good ears when I was young too.

c. Pay close attention to what you hear.

12. a

Section IV - Dictation

13. 귀를 기울이지 않는 것 같아요

14. 귀가 엄청 밝거든요

Section V - Speaking Practice

예지: 석준 씨가 어제 또 에어컨 안 끄고 퇴근했더라고요.

[석쭌 씨가 어제 또 에어컨 안 끄고 퇴근핸떠라고요.]

캐시: 또요?

[또요?]

예지 씨가 그렇게 귀에 못이 박히도록 얘기했는데도요?

[예지 씨가 그러케 귀에 모시 바키도록 얘기핸는데도요?]

예지: 네. 제 말에 귀를 기울이지 않는 것 같아요.

[네. 제 마레 귀를 기우리지 안는 건 가타요.]

캐시: 근데 좀 조용히 이야기해야 될 것 같아요.

[근데 좀 조용히 이야기해야 될 껃 가타요.]

석준 씨가 귀가 엄청 밝거든요.

[석쭌 씨가 귀가 엄청 발꺼든뇨*.]

* 거든요 is technically pronounced [거드뇨], but most people pronounce it [거든뇨].

Yeji: Sukjun left the office without turning the AC off again yesterday.

Cassie: Again? You've told him about that a million times!

Yeji: I know. I don't think he pays attention to what I say.

Cassie: I think we need to lower our voice a little, by the way. Sukjun has really good ears.

Lesson 11

Section I - Comprehension

1. c   2. a   3. b   4. c   5. b   6. a

Section II - Complete the Dialogue

\<Translation\>

Hyunwoo: Dahye, have you been exercising every day after work?

Dahye: No. In the past, on top of finishing work late, I also didn't have enough time to sleep, so I used to lay down on my bed as soon as I got home from work. I started exercising every day since Monday because I want to be healthy.

Hyunwoo: Well done. If you exercise every day, you will be way healthier.

Dahye: Right, but since this is the first time I've exercised, I don't really know how I should exercise.

Hyunwoo: First, start with this rubber band. Do you want me to let you know how to use it?

Dahye: Yes, thank you. By the way, is it okay for you to give me this rubber band?

Hyunwoo: It's what I used to use often, but I do different exercises more often anyway, so I don't think I'll need it.

Dahye: Thanks. Oh, what are you doing tomorrow, Hyunwoo? Do you want to exercise with me?

Hyunwoo: Uh, sorry. I have to go to the bookstore tomorrow.

Dahye: Bookstore? What for?

Hyunwoo: I'm going to buy a German book.

Dahye: Oh, you said you would learn German, right?

Hyunwoo: Yes. I'm going to attend German language school starting next month, and I can't wait to start.

Dahye: Wow, you are so diligent.

Hyunwoo: No. For a while, on top of being busy, I also had to play with my kids when I went home, so I couldn't study a lot. It's the first time in a while that I'm about to start studying.

7. 퇴근하기가 무섭게   8. 쓰던
9. 필요 없을 것 같아요   10. 시작했으면 좋겠어요
11. 바쁜 데다가

Section III - Listening Comprehension

\<Transcript\>

오늘 홍대에서 석준 씨를 만나서 같이 놀았다. 그런데 날씨가 너무 더워서 석준 씨 집에 가서 석준 씨 옷으로 갈아입었다. 석준 씨가 예전에 자주 입던 옷인데, 어차피 옷이 작아져서 이제 안 입을 것 같다고 했다. 저녁에는 석준 씨랑 불고기집에 갔다. 하루 종일 걸은 데다가, 점심도 조금 먹어서, 음식이 나오기가 무섭게 다 먹었다. 정말 맛있었다. 저녁을 다 먹은 다음에 공원에 갔다. 자전거를 타고 싶었는데, 너무 더워서 자전거를 탈 수가 없었다. 그래서 내가 자전거는 내일 다시 만나서 타자고 했다. 내일은 날씨가 덥지 않았으면 좋겠다.

Today, I hung out with Sukjun in Hongdae. The weather was so hot that I went to Sukjun's house and changed into his clothes. The clothes were what Sukjun used to wear often in the past, but he said he didn't think he would wear them anymore because they became too small for him. In the evening, I went to a bulgogi place with him. On top of walking all day long, we also had a small lunch, so we ate it all as soon as the food came out. It was so good. After having dinner, we went to the park. We wanted to ride bikes, but it was too hot to ride bikes. So I said, "Let's meet again tomorrow and ride bikes together." I hope the weather won't be too hot tomorrow.

12. F   13. T   14. F

15. 끝낼 수 있었으면

16. 없는 데다가

17. 말 꺼내기가 무섭게

Section V - Speaking Practice

경은: 내일 일찍 퇴근해야 해서,

[내일 일찍 퇴근해야 해서,]

일을 빨리 끝낼 수 있었으면 좋겠어요.

[이를 빨리 끈낼 쑤 이써쓰면 조케써요.]

현우: 일이 많아요? 그럼 경은 씨 업무를 저한테 좀 주세요.

[이리 마나요? 그럼 경은 씨 엄무를 저한테 좀 주세요.]

저는 내일 할 일도 없는 데다가,

[저는 내일 할릴도 엄는 데다가,]

늦은 시간에 약속이 있어서

[느즌 시가네 약쏘기 이써서]

어차피 사무실에 늦게까지 있을 것 같아요.

[어차피 사무시레 늗께까지 이쓸 껏 가타요.]

경은: 정말요?

[정마료*?]

그럼 이거 제가 하던 업무인데,

[그럼 이거 제가 하던 엄무인데,]

내일 마무리해 줄 수 있어요?

[내일 마무리해 줄 쑤 이써요?]

현우: 와, 말 꺼내기가 무섭게 부탁하시네요!

[와, 말 꺼내기가 무섭께 부타카시네요!]

네, 제 메일로 보내 주세요.

[네, 제 메일로 보내 주세요.]

* Native speakers often pronounce 정말요 as [정말료] as well.

Kyeong-eun: I have to go home early tomorrow. I hope I will be able to get my work done quickly.

Hyunwoo: Do you have a lot of work? Then give me some of your work. I don't have much to do tomorrow, and I think I am going to stay late in the office anyway as I have plans late at night.

Kyeong-eun: Really? In that case, could you finish up this task I have been working on tomorrow?

Hyunwoo: Oh, wow. You made a request as soon as I finished my sentence! Yes, please send it to my email.

Lesson 12

Section I - Complete the Sentence

1. 나가고 싶어요   2. 주차할 수 있어요

3. 해야 돼요   4. 비싸지 않아요

5. 이상한 것 같아요   6. 알 수도 있어요

7. 들어 보세요   8. 가고 있어요

Section II - Reading Comprehension

<Translation>

Study Korean at TTMIK's website

Talk To Me In Korean

You're still finding it difficult to study Korean?
Korean study, don't worry about it anymore!

On TTMIK's website, you can listen to lectures, and you can also buy books!

Start studying Korean at Talk To Me In Korean website right now!

I'm attending TTMIK lectures every day. They're so fun.
                                        - Tom

Study Korean with TTMIK books. I think they are the best because they are easy and fun!   - Jason

Thanks to TTMIK, I can talk to my friend in Korean! Thanks, TTMIK!
                                        - Christine

9. d   10. c   11. b

Section III - Listening Comprehension

<Transcript>

선현우 님의 사연입니다.

"안녕하세요, 소희 님. 저는 책 쓰는 일을 하고 있는 선현우라고 해요. 저는 야근을 자주 하는데요. 야근할 때 저녁을 안 먹어요. 빨리 일 끝내고 집에 가고 싶은데, 저녁을 먹으면 일이 더 늦게 끝나거든요. 그런데 저희 어머니는 그런 저를 너무 걱정하세요. 어머니한테 하고 싶은 이야기가 있어요. 어머니! 너무 걱정하지 마세요. 저 점심에 엄청 많이 먹어요."라고 사연 보내 주셨어요.

정말 귀여운 사연이네요. 저도 현우 님처럼 야근할 때 저녁을 안 먹고 일하는 편이었어요. 그런데 그렇게 계속 저녁을 안 먹으니까 건강에 안 좋더라고요. 현우 님, 저녁 꼭 챙겨 먹고 일하세요!

It's a story sent in by Hyunwoo Sun.

The story goes, "Hello, Sohee. I'm called Hyunwoo Sun, and I'm writing books. I often work overtime. I don't have dinner when I work overtime. I want to go home quickly after finishing work, and if I have dinner, work finishes later. However, my mother worries too much about me doing that. I want to say something to my mother. Mother! Don't worry too much. I eat a lot for lunch."

It's a very cute story. I also had a tendency to work skipping dinner when I worked overtime, just like you, Hyunwoo. However, I found out that skipping dinner was bad for my health. Hyunwoo, please make sure to have dinner and work!

12. d   13. c

Section IV - Dictation

14. 배우고 싶어요   15. 안 어려워요

16. 공부해야 돼요

Section V - Speaking Practice

캐시: 에밀리 씨, 무슨 공부 해요?

　　　[에밀리 씨, 무슨 공부 해요?]

에밀리: 한국어 공부하고 있어요.

　　　　[한구거 공부하고 이써요.]

캐시: 한국어 어렵지 않아요? 저도 한국어 배우고 싶어요.

　　　[한구거 어렵찌 아나요? 저도 한구거 배우고 시퍼요.]

에밀리: 별로 안 어려워요. 저랑 같이 공부해요.

　　　　[별로 아너려워요. 저랑 가치 공부해요.]

캐시: 그럴까요? 에밀리 씨가 저 좀 가르쳐 주세요.

　　　[그럴까요? 에밀리 씨가 저 좀 가르처 주세요.]

에밀리: 좋아요. 근데 저도 많이 잘하진 않아요.

　　　　[조아요. 근데 저도 마니 잘하진 아나요.]

　　　　더 공부해야 돼요.

　　　　[더 공부해야 돼요.]

Cassie: Emily, what are you studying?

Emily: I'm studying Korean.

Cassie: Isn't it hard? I also want to learn Korean.

Emily: It's not that difficult. Let's study together.

Cassie: That sounds good. Please teach me Korean.

Emily: Sure. But I am not that good at it. I have to study more.

Lesson 13

Section I - Complete the Sentence

1. 주원인   2. 주원료   3. 주도권   4. 주동자

5. 주특기   6. 주목적   7. 주인공   8. 주인

9. 주어   10. 주요

Section II - Complete the Dialogue

<Translation>

○○ **City Sweet Potato Festival**

- When? Fri. May 5th ~ Sat. May 6th, 20XX

- Where? In front of ○○ City Library

<Fun Activities>

Digging up sweet potatoes / Sweet potato cooking contest / Making sweet potato dolls

<Sales>

₩30,000 → ₩15,000

₩15,000 → ₩7,000

₩3,000 → ₩2,000

Duru: Yoona, do you want to go to the ○○ City Sweet Potato Festival with me?

Yoona: Sweet Potato Festival?

Duru: Yes. You know, ○○ is famous for its delicious sweet potatoes. I heard that it is 15,000 won for a box of sweet potatoes.

Yoona: Wow, that's really cheap! Do they sell other things as well as sweet potatoes?

Duru: Sure! Do you know "○○ City Sweet Potato Bread"?

Yoona: Sweet potato bread? Is it bread made with sweet potatoes?

Duru: Yes. The bread's main ingredient is the sweet potatoes and the rice from ○○, and it's really good. I heard that they also sell that bread at a cheap price.

Yoona: Wow, it's made with sweet potatoes and rice? That sounds delicious.

Duru: It's really good. It's really popular, so it's one of the main products of ○○.

Yoona: Wow, how do you know about it so well, by the way?

Duru: Because I like sweet potatoes, and also, you know, finding out details before going some-where is my special ability. Anyway, Yoona, are you going to go with me?

Yoona: Okay, fine. Is it okay to go there on Friday morning, by any chance? Housewives like me find it most convenient on weekday mornings.

Duru: Yes, that's fine. Then I'm going to come to your house on Friday morning.

11. 주원료   12. 주력   13. 주특기   14. 주부

Section III - Listening Comprehension

<Transcript>

a. 남자: 와! 그 사람 진짜 나쁜 사람이네요. 그렇죠, 예지 씨?

여자: 음... 그쪽 주장도 들어 봐야 할 것 같아요.

Man: Wow! That person is a really bad person! Isn't he, Yeji?

Woman: Umm… I think we'll have to listen to that person's point of view as well.

b. 남자: 여기 온 주목적이 뭡니까?

여자: 빨리 가요.

Man: What is your main purpose in coming here?

Woman: Let's hurry up and go.

c. 남자: 이거 주인 누구예요?

여자: 그거 다혜 씨 거예요.

Man: Who does this belong to?

Woman: That belongs to Dahye.

15. b

Section IV - Dictation

16. 주력 상품   17. 주원료   18. 주인공

Section V - Speaking Practice

경화: 이 브랜드의 주력 상품이 이 장미 향수래요.

[이 브랜드에 주력 상푸미 이 장미 향수래요.]

경은: 와, 향이 참 좋네요.

[와, 향이 참 존네요.]

장미 향수니까 주원료는 당연히 장미꽃이겠죠?

[장미 향수니까 주월료는 당연히 장미꼬치겐쪼?]

경화: 네, 맞아요.

[네, 마자요.]

요즘 인기 있는 드라마에

[요즘 인끼 인는 드라마에]

주인공이 이 향수 쓰는 장면 나왔잖아요.

[주인공이 이 향수 쓰는 장면 나왈짜나요.]

경은: 아! 그래서 이 향수 인기가 이렇게 많아졌군요.

[아! 그래서 이 향수 인끼가 이러케 마나젇꾼뇨*.]

* 군요 is technically pronounced [구뇨], but most people pronounce it [군뇨].

Kyung-hwa: They say the signature product of this brand is this rose perfume.

Kyeong-eun: It has a beautiful scent. Since it's a rose perfume, its main ingredient must be roses, right?

Kyung-hwa: Yes, that's right. There was a scene from a popular TV drama where the main actress uses this perfume.

Kyeong-eun: Oh, so that's why the perfume also gained a lot of popularity.

Lesson 14

Section I - Complete the Dialogue

1. d   2. a   3. a   4. b

5. c   6. d   7. b   8. c

Section II - Reading Comprehension

<Translation>

Deciding on TTMIK's Summer Workshop Location

Sender: Yoona Sun

June 10th, 20XX, 9:37 AM

To all TTMIK staff

Hello.

In order to settle on an upcoming summer work-shop location, we proceeded to the vote from June 1st to June 7th. The result has come out.

Seoul and Jeju Island both obtained 41% of the vote. Since we had a workshop on Jeju Island last

year, we'll have the workshop in Seoul this time.

Eunjeong: Boram, Heeju, have you guys seen the email that says the workshop location has been decided?

Boram: _____ ㉠ _____ .

Heeju: I haven't been able to check it yet.

Boram: Seoul has been chosen.

Heeju: What? Seoul? Not Jeju Island?

Eunjeong: No. Too bad.

Boram: Oh, did you guys want to go to Jeju Island?

Heeju: Yes. You didn't, Boram?

Boram: No. I like having the workshop in Seoul.

Eunjeong: Why? We've had a workshop in Seoul a lot of times.

Heeju: Right. I couldn't even vote this time. I wish we could vote again.

Boram: Why not? Try sending an email to Yoona!

9. c   10. c   11. d   12. b   13. d

Section III - Listening Comprehension

<Transcript>

a. 남자: 다혜 씨, 일 끝나고 바로 집에 갈 거죠?

여자: 당연하죠!

Man: Dahye, you're heading home directly after work, right?

Woman: Of course!

b. 남자: 카페 가서 일해도 돼요?

여자: 안 될 거 없죠.

Man: Can I go work at a cafe?

Woman: Why not?

c. 남자: 저랑 같이 점심 먹어요.

여자: 찬성입니다.

Man: Let's have lunch together.

Woman: I agree.

14. c

Section IV - Dictation

15. 당연하죠   16. 알겠어요   17. 안 될 거 없죠

Section V - Speaking Practice

주연: 석진 씨, 점심 먹을 거예요?

[석찐 씨, 점심 머글 꺼예요?]

석진: 당연하죠. 지금 나갈까요?

[당연하조. 지금 나갈까요?]

주연: 경화 씨가 지금 사무실로 오고 있대요.

[경화 씨가 지금 사무실로 오고 읻때요.]

경화 씨 오면 같이 나가요.

[경화 씨 오면 가치 나가요.]

석진: 알겠어요.

[알게써요.]

주연: 앗! 지금 밖에 비 와요! 그냥 시켜 먹는 건 어때요?

[앋! 지금 바께 비 와요! 그냥 시켜 멍는 건 어때요?]

석진: 좋아요. 안 될 거 없죠.

[조아요. 안 될 꺼 업쪼.]

Jooyeon: Seokjin, are you going to have lunch?

Seokjin: Of course, do you want to go out now?

Jooyeon: Kyung-hwa says she is on her way to the office. Let's go with her when she gets here.

Seokjin: Fair enough.

Jooyeon: Jeez, it's raining outside! What about just ordering delivery food?

Seokjin: Sure, why not?

Lesson 15

Section I - Complete the Sentence

1. 안 갈 수도 있어요   2. 갈까 생각 중이에요

3. 시작될 예정이에요   4. 끊어지려고 해요

5. 바쁠 것 같아요   6. 놓치지 않을 거예요

7. 배울 계획이에요

Section II - Reading Comprehension

<Translation>

TTMIK Hanbok Summer Sale

TTMIK Hanbok Summer Sale Aug.10 - Aug.13

20~50% Discount

Hanbok you can wear every day, comfortable and beautiful hanbok

Come check out "TTMIK Hanbok".

Hanbok, are you asking if it's uncomfortable?
It's so comfortable that you feel like you are not wearing any clothes.

Hanbok, are you saying it's expensive?
TTMIK hanboks are on sale four times a year.

On August 10th, the TTMIK Hanbok Summer Sale is scheduled to begin.
We'll see you all on August 10th!

"My child likes hers so much. She insists on wearing it."

-Kyeong-eun-

"It's so pretty that I'm thinking of buying one more."   -Dahye-

"TTMIK hanboks are so comfortable that I can wear them in the office."   -Dong-geun-

8. b   9. c   10. 현우

Section III - Listening Comprehension

<Transcript>

경화 씨, 저 캐시예요. 전화를 안 받아서 메시지 남겨요. 저 다음 달에 한국에 갈 수 있을 것 같아요! 정말 너무 기뻐요. 한국에 가면 먼저 한복을 입고 경복궁에 갈 거예요. 지난번에 제이슨 씨가 한복 입고 찍은 사진 봤는데, 정말 예쁘더라고요. 참, 그리고 한국 요리도 배울 거예요. 저는 원래 여행을 가면 그 나라 음식을 만드는 방법을 꼭 배우거든요. 가장 기대되는 건 경화 씨를 만나는 거예요. 한 달 동안 있을 예정이니까 경화 씨를 자주 만날

수 있겠죠? 이 메시지 들으면 연락 주세요. 기다릴게요.

Kyung-hwa, I'm Cassie. Since you didn't pick up the phone, I'm leaving a message. I think I'll be able to come to Korea next month. I'm so happy. When I get to Korea, I will first go to Gyeongbok Palace wearing hanbok. Last time, I saw a picture of Jason wearing hanbok, and it was so pretty. Oh, and I'm also going to learn to cook Korean food because I always learn how to cook their food when I travel to another country. What I'm most excited about is meeting you, Kyung-hwa. Since I'm going to stay for a month, I'll be able to see you often, right? Call me when you hear this message. I'll be waiting.

11. d   12. b

Section IV - Dictation

13. 출발할 예정이에요   14. 늦어질지도 몰라요

Section V - Speaking Practice

석진: 현우 씨, 저희 10분 뒤에 영화관으로 출발할 예정
        이에요.
        [혀누 씨, 저히 십뿐 뒤에 영화과느로 출발할 예정
        이에요.]
현우: 사무실에서 영화관까지 오는 데
        [사무시레서 영화관까지 오는 데]
        얼마나 걸릴 것 같아요?
        [얼마나 걸릴 껀 가타요?]
석진: 아마 30분 정도 걸릴 거예요.
        [아마 삼십뿐 정도 걸릴 꺼예요.]
        그런데 더 늦어질지도 몰라요.
        [그런데 더 느저질찌도 몰라요.]
현우: 알겠어요.
        [알게써요.]
        그럼 영화관 앞에 있는 카페에서 기다리고 있을게요.
        [그럼 영화관 아페 인는 까페에서 기다리고 이쓸께요.]

Seokjin: Hyunwoo, we are going to head to the movie theater in 10 minutes.

Hyunwoo: How long do you think it will take you to get from the office to the movie theater?

Seokjin: It will probably take around 30 minutes. But it might take longer than that.

Hyunwoo: Okay. Then I will be waiting in the cafe in front of the movie theater.

Lesson 16

Section I - Complete the Dialogue

1. c   2. b   3. a   4. c   5. b   6. a

Section II - Reading Comprehension

<Translation>
To Yerim,

Yerim, I'm Dahye.
I wish you a very happy birthday! I hope this letter arrives before your birthday.
You're doing well, right?
I'm finally participating in a piano contest next week. My heart is pounding already. I felt really sad last year because I couldn't win an award. I deeply regret not having practiced more. So, I practiced really hard for a year. I really hope I can win an award this time.
Also, when this contest is over, let's meet up. I'll come to Seoul.
Let's have a birthday party and eat something good as well.
I feel a pressure on my chest because, in addition to being nervous because of the contest, I'm also thinking about meeting up with you and having fun.
Ah, is your injured leg healed now? When I heard the news, I felt like my heart sank.

It's really fortunate that you didn't get hurt much.
Be careful when you ride a bike.
Well then, congratulations on your birthday once
again, I'll see you soon!

October 5th, 20XX

Dahye

7. c   8. b   9. d   10. b

Section III - Listening Comprehension

<Transcript>

남자: 안녕하세요, 성연우 씨.

여자: 네, 안녕하세요.

남자: 요즘 정말 바쁘시죠? 다음 주에 캐나다와 미국에서 공연하신다는 얘기 들었어요.

여자: 네, 맞아요. 드디어 제가 캐나다와 미국에서 공연을 하네요. 요즘 정말 열심히 준비하고 있어요.

남자: 축하드려요! 그런데 성연우 씨도 많은 사람들 앞에서 공연할 때 긴장하세요?

여자: 음… 아니요. 그래도 가슴이 콩닥콩닥 뛰긴 해요. 저는 신나면 가슴이 뛰더라고요.

남자: 정말 대단하시네요. 참, 성연우 씨의 노래가 큰 사랑을 받는 이유 중 하나가 바로 가사인데요. 어떤 생각을 하면서 가사를 쓰세요?

여자: 저는 사람들 가슴에 와닿는 가사를 쓰기 위해 노력해요. 그래서 항상 솔직하게 가사를 쓰려고 하죠.

남자: 그렇군요. 솔직함이 성연우 씨만의 강점인 것 같아요.

Man: Hello, Yeonwoo Sung.

Woman: Hello.

Man: You're very busy these days, right? I heard that you are having a concert in Canada and the USA.

Woman: Yes, that's right. Finally, I'm having a concert in Canada and the USA. I'm preparing for it really hard.

Man: Congratulations! By the way, do you also get nervous when you perform in front of a lot of people?

Woman: Umm... No, but still, my heart is pounding. Whenever I'm excited, I can see that my heart beats.

Man: You're really amazing. Oh, one of the reasons why people love your songs is the lyrics. What are you thinking when you write your lyrics?

Woman: I try to write lyrics that touch people's hearts. Therefore, I always try to write lyrics honestly.

Man: I see. I think honesty is your own strong point.

11. c   12. d

Section IV - Dictation

13. 가슴이 아파서   14. 가슴에 와닿았어요

Section V - Speaking Practice

동근: 소연 씨, '말리와 나'라는 영화 봤어요?

   [소연 씨, '말리와 나'라는 영화 봐써요?]

소연: 네, 봤어요.

   [네, 봐써요.]

   마지막에 너무 가슴이 아파서 정말 많이 울었어요.

   [마지마게 너무 가스미 아파서 정말 마니 우러써요.]

동근: 저도요.

   [저도요.]

   저는 지금 강아지를 키우고 있으니까

   [저는 지금 강아지를 키우고 이쓰니까]

   더 가슴에 와닿았어요.

   [더 가스메 와다아써요.]

소연: 아, 진짜 그랬겠어요.

   [아, 진짜 그랟께써요.]

Dong-geun: Soyeon, did you see the movie called *Marley & Me*?

Soyeon: Yes, I did. The last scene was so sad. It made me cry a lot.

Dong-geun: Me too. It really touched my heart since I also have puppies.

Soyeon: Oh, it must have.

Lesson 17

Section I - Comprehension

1. b   2. a   3. d   4. a   5. c   6. d

Section II - Complete the Dialogue

<Translation>

Animal Love Festival

We have postponed the Animal Love Festival to July 20th.

Hello.
From today to July 14th, it will be raining continuously.
When it rains, the festival cannot be held, so it has been postponed to July 20th (Saturday).
We are really sorry.

The events will proceed the same way.
Please pay it a lot of attention. Thank you.

10:00 ~ 12:00	Pet Swimming Competition
12:00 ~ 13:00	Lunch (Salad)
13:00 ~ 15:00	Let's watch an animal movie together!
15:00 ~ 17:00	Bazaar

* At the bazaar, you can only sell things for pets.
* All the money raised through the bazaar will be used for abandoned animals.
* People wearing clothes made with animal leather cannot enter.

Boram: Dong-geun, are you coming to the Animal Love Festival?

Dong-geun: It's July 13th, right?

Boram: Oh, it's not. Since it keeps raining, it's been postponed to July 20th. If only it were not raining, it would happen on the 13th.

Dong-geun: July 20th? Then I don't think I can come.

Boram: Why not? You said you'd like to come.

Dong-geun: Because I'm seeing Kyeong-eun that day. If only it were not Kyeong-eun's birthday, I would come...

Boram: Oh, the 20th is Kyeong-eun's birthday, right? Then, come with Kyeong-eun. Last time, Kyeong-eun also said that she was interested.

Dong-geun: Really? I'll ask Kyeong-eun. Do you happen to have a festival poster?

Boram: Here it is.

Dong-geun: Wow, it looks fun. Oh... but I think Kyeong-eun will say she won't go.

Boram: Why?

Dong-geun: Because Kyeong-eun said let's eat bulgogi on her birthday. If only the lunch menu were not salad, we would come.

Boram: Then, come during the bazaar after eating lunch.

Dong-geun: Oh, that will do! You're also coming, right?

Boram: Sure thing!

Dong-geun: Ah, are you going to participate in the pet swimming competition?

Boram: No. My puppy hates water. If only it were not a swimming competition, I would participate because they always won first place in other competitions.

Dong-geun: Wow, your puppy is really amazing.

Boram: Are they? Eh, what kind of clothes are you going to wear and come? If you wear any clothes, maybe you might not be able to enter.

Dong-geun: Oh, any clothes are fine as long as they are not made with animal leather, right?

Boram: That's right. Then, I'll see you at the festival.

7. 비 오는 것　　8. 경은 씨 생일
9. 샐러드　　　10. 수영 대회
11. 동물 가죽으로 만든 옷

Section III - Listening Comprehension

<Transcript>

성공하고 싶다고요?

그렇다면 포기할 수밖에 없는 이유를 찾는 습관을 버리세요. '시험 준비만 아니면 매일 책 읽을 수 있을 텐데.', '회사만 아니면 매일 아침에 운동했을 거야.' 이렇게 시작하기 전에 할 수 없는 이유부터 생각하는 습관을 버려야 해요. 이런 생각을 버리고 일단 시작해 보세요. 여러분은 다 할 수 있어요.

두 번째로, 무책임한 태도를 버려야 해요. 나만 아니면 된다는 생각을 하면 안 돼요. 다른 사람한테 일어난 일은 나한테도 일어날 수 있어요. 다른 사람의 일도 내 일이라고 생각해 보세요. 삶이 달라질 거예요.

Are you saying that you want to succeed?

If so, get rid of your habit of finding a reason why you can't help but give up. "If only I were not preparing for the exam, I would be able to read books every day," "If only I were not working, I would have exercised every morning." You have to get rid of your habit of thinking of the reason why you can't do it before you start. Stop thinking this way and just get it started for now. You guys can do it all.

Secondly, you need to stop being irresponsible. You shouldn't think it's fine as long as it doesn't happen to you. Something that happened to other people can happen to you as well. Try thinking that other people's business is also your business. Your life will change.

12. c　　13. 희주

Section IV - Dictation

14. 운동하고 있는 것만 아니면
15. 체육관만 아니면

Section V - Speaking Practice

은정: 현우 씨가 전화를 안 받아요.
　　　[혀누 씨가 전화를 안 바다요.]
경화: 그래요? 운동하고 있는 것만 아니면 받을 텐데요.
　　　[그래요? 운동하고 인는 건만 아니면 바들 텐데요.]
은정: 운동하고 있나 봐요.
　　　[운동하고 인나 봐요.]
경화: 그런가 보네요. 체육관만 아니면 받았을 거예요.
　　　[그런가 보네요. 체육꽌만 아니면 바다쓸 꺼예요.]

Eun-jeong: Hyunwoo is not answering the phone.

Kyung-hwa: He's not? He would have picked up the phone if he was not working out.

Eun-jeong: I think he is working out.

Kyung-hwa: I guess so. If he wasn't in the gym, he would have answered the phone.

Lesson 18

Section I - Complete the Dialogue

1. 출발하는 대로　　2. 들은 대로
3. 주는 대로　　　　4. 쓰여 있는 대로
5. 하는 대로　　　　6. 도착하는 대로
7. 알려 준 대로

Section II - Reading Comprehension

<Translation>

TTMIK Summer Workshop Timetable

Sender: Sumin Kim

June 10th, 20XX, 9:37 AM

Hello all the TTMIK staff,

The upcoming summer workshop timetable has come out.

Read the notes(*) carefully, and contact me if you have any questions.

14:00	Arrival, Self-Introduction * Please be seated in the order you arrived starting from the front row
15:00	Soccer/Ping-Pong Competition * Teams are decided before the competition starts.
18:00	Dinner * The winning teams from the soccer and ping-pong competitions start having dinner first.
20:00	"Our Company, Our Team" Quiz Contest * You can just write whatever you know about the company and the team. Don't worry too much.

* After the quiz contest, it's free time from 22:00.
* Please let us know in advance if you would like breakfast the next day.

8. c   9. d   10. c

Section III - Listening Comprehension

<Transcript>

미래에 대해 너무 걱정하지 마세요. 여러분은 여러분이 원하는 대로 살 수 있어요. 저도 여러분처럼 '내가 하고 싶은 일을 할 수 있을까?' 걱정을 많이 했었어요. 그런데 어느 날, 생각을 바꿨어요. '나는 다 할 수 있다!' 이

렇게 생각하기 시작했어요. 내가 바라는 대로 할 수 있을 거라고 나 자신을 믿었어요. 그리고 되고 싶고, 하고 싶은 것을 매일 큰 소리로 말했어요. 예를 들어 "나는 사람들이 다 아는 유명한 작가가 될 거야." 이렇게요. 그리고 지금 저는 그런 작가가 되었죠. 여러분, 말에는 놀라운 힘이 있어요. 말하는 대로 될 수 있어요. 오늘부터 거울을 보고 큰 소리로 말해 보세요. 그리고 여러분 자신을 믿어 보세요.

Don't worry too much about the future. You can live the way you want, everyone. I used to worry a lot like you guys thinking, "Will I be able to do what I want to do?" However, one day, I changed my mind. I started thinking, "I can do it all!" I believed in myself that I would be able to do the way I wished. Also, I said what I wanted to be and what I wanted to do out loud every day. For example, "I'm going to be a famous writer who everyone knows." And I've become one. Everyone, words have surprising power. Things can be done as you say. Starting today, try looking in the mirror and saying it out loud. And try believing in yourselves.

11. d   12. 보람

Section IV - Dictation

13. 주문한 대로   14. 말한 대로

15. 생각한 대로   16. 하던 대로

Section V - Speaking Practice

예지: 이번에 광고 포스터가 주문한 대로 안 나왔어요.

[이버네 광고 포스터가 주문한 대로 안 나와써요.]

이대로는 못 쓸 것 같아요.

[이대로는 몯 쓸 껃 가타요.]

소희: 어? 제가 말한 대로 전달했는데 이렇게 나왔어요?

[어? 제가 말한 대로 전달핸는데 이러케 나와써요?]

예지: 네. 저희가 생각한 대로 안 나왔네요.

[네. 저히가 생가칸 대로 안 나완네요.]

다시 주문할까요?

[다시 주문할까요?]

소희: 네. 이번에는 전화로 주문하지 말고

[네. 이버네는 전화로 주문하지 말고]

평소에 하던 대로 이메일로 주문해 주세요.

[평소에 하던 대로 이메일로 주문해 주세요.]

Yeji: The ad posters did not come out as we had ordered this time. I don't think we can use them.

Sohee: What? Even though you told them just the way I told you, it came out this way?

Yeji: Yes, they didn't come out the way we thought. Do you want me to order them again?

Sohee: Yes. But this time, please order the posters via email as we always do, not by phone.

Lesson 19

Section I - Complete the Sentence

1. 약속에 많이 늦는 한이 있더라도
2. 금방 고장 나서 버리는 한이 있더라도
3. 잠을 못 자는 한이 있더라도
4. 배고파서 쓰러지는 한이 있더라도
5. 돈을 많이 못 버는 한이 있더라도
6. 제가 다치는 한이 있더라도

Section II - Reading Comprehension

<Translation>

_____ August 10th, 20XX, Monday _____

Soyeon: I have a concern.

Jooyeon: What's wrong?

Soyeon: I'm really stressed out because my roommate doesn't clean well. I'm the one who always cleans.

Jooyeon: You must be so tired. Just tell your roommate!

Soyeon: I've been holding it in because I thought she would clean some day even if I don't tell her. I guess I can't anymore.

Jooyeon: Yeah. Stop holding it in and tell her today.

Soyeon: Even if we end up having an argument, I think I should really tell her today.

Jooyeon: Good idea.

Soyeon: Are you good at talking about these things to someone when compared to other people?

Jooyeon: Yes. I talk to them right away if I have something to say.

Soyeon: Even if you end up regretting it later?

Jooyeon: Why would I regret it?

Soyeon: Because maybe you might have an argument.

Jooyeon: But still, if you don't say it, you can't solve the problem, right?

Soyeon: You're right. Why do I find it so difficult to bring up things that are uncomfortable to talk about?

Jooyeon: If you do it many times, you will get used to it. Try starting today.

7. c   8. b, d

Section III - Listening Comprehension

<Transcript>

a. 남자: 우리가 질 것 같아요.

여자: 그렇다고 포기하면 안 돼요. 이기는 한이 있더라도 끝까지 열심히 해야죠.

Man: I think we are going to lose.

Woman: Even so, we shouldn't give up. Even if we end up winning, we have to do our best until it's over.

b. 남자: 언제까지 옷 고를 거예요? 늦었어요. 빨리 출발해야 돼요.

여자: 잠시만요. 저는 늦어서 택시를 타는 한이 있더라도 마음에 드는 옷을 입고 나가야 돼요.

Man: Until when are you going to pick out your

clothes? We're late. We need to leave quickly.

Woman: One moment. Even if I might end up taking a taxi because I'm late, I have to go out in satisfying clothes.

c. 남자: 이번 주말에도 공연 본다고요? 티켓값 비싸지 않아요? 어떻게 그렇게 자주 공연을 봐요?

여자: 저는 공연 보는 걸 좋아해서 한 달 월급을 다 쓰는 한이 있더라도 보고 싶은 공연은 다 봐요.

Man: You're going to see the show this weekend as well? Aren't ticket prices expensive? How can you see a performance that often?

Woman: I like going to see the shows, so even if I end up spending all my monthly salary, I see all the shows that I would like to see.

9. a

Section IV - Dictation

10. 밤새는 한이 있더라도
11. 굶는 한이 있더라도

Section V - Speaking Practice

예지: 퇴근 안 해요?

[퇴근 안 해요?]

석진: 부장님이 밤새는 한이 있더라도

[부장니미 밤새는 하니 읻떠라도]

이거 다 끝내고 집에 가라고 하셨어요.

[이거 다 끈내고 지베 가라고 하셔써요.]

예지: 진짜요? 아직 많이 남았어요?

[진짜요? 아직 마니 나마써요?]

석진: 조금밖에 안 남았어요.

[조금바께 안 나마써요.]

제가 저녁을 굶는 한이 있더라도

[제가 저녀글 굼는 하니 읻떠라도]

오늘 안에 꼭 다 끝내고 집에 갈 거예요.

[오늘 아네 꼭 다 끈내고 지베 갈 꺼예요.]

Yeji: You're not getting off of work?

Seokjin: The general manager asked me to make

sure to finish this before going home, even if that means I have to stay up all night.

Yeji: Seriously? Is there still a lot left?

Seokjin: No, just a little bit. I will definitely get this done tonight and go home, even if I have to skip dinner.

Lesson 20

Section I - Complete the Dialogue

1. b   2. d   3. d   4. a   5. c   6. b

Section II - Reading Comprehension

<Translation>

TTMIK TIMES

One Week Left Until Suneung,
How Should We Prepare?

There is a week left until the 20XX Suneung. The various postings about Suneung, which is a week away, have been posted on forums on the Internet. The student who posted "I still have a week left" said, "We shouldn't think that it will not help even if we study now because there is only one week left. If we study hard for at least this final one week, our score will be better."

Also some student who got a good score on the Suneung last year advised, "No matter how much you study, it is of no use if you are ill, so it is important to sleep enough. When I took Suneung last year, I would have gotten better grades if only I hadn't caught a cold. Also even if you might end up studying for only an hour, you have to practice studying with concentration."

TTMIK Suneung Research Institute advises students, "It is important to study according to the Suneung schedule. When you take a math exam, you study math, and when you take an English exam, it is good to study English. Plus, even if you might end up studying for less hours, it is also good to practice studying in several places. You have to be able to concentrate in a new environment as well. Lastly, even if you are not hungry at all, it is good to always have breakfast and lunch."

7. c   8. c   9. b

Section III - Listening Comprehension

<Transcript>
남자: 왜 창문을 열어 놨어요?

여자: 방금 식사했거든요. 왜요? 추워요?

남자: 네. 창문을 닫았으면 좋겠어요.

여자: 아무리 추워도 30분 정도는 열어 놔야 할 것 같아요.

남자: 이따가 다시 여는 한이 있더라도 지금은 닫으면 안 돼요?

여자: 음식 냄새만 아니면 저도 안 열었을 거예요. 조금만 더 열어 놔도 될까요? 이따가 손님이 오신대요.

남자: 아, 그렇군요. 그럼 제가 겉옷을 입고 있을게요.

Man: Why did you leave the window open?

Woman: Because we just had a meal. Why? Are you cold?

Man: Yes. I'd like you to close the window.

Woman: No matter how cold it is, I think we have to leave it open for about 30 minutes.

Man: Even if we might end up opening it again later, can we close it for now?

Woman: If only it had not been for the food smell, I wouldn't have opened it either. Can I leave it open for a little longer? I heard that we'll have a guest later.

Man: Oh, I see. Then I'm going to be wearing my jacket.

10. b, d

Section IV - Dictation

11. 아무리 재밌어도   12. 계속 봤을 거예요

Section V - Speaking Practice

캐시: 석진 씨, 잠 많이 못 잤어요?

[석찐 씨, 잠 마니 몯짜써요?]

아까부터 계속 졸고 있는 거 봤어요.

[아까부터 계속 졸고 인는 거 봐써요.]

석진: 네. 어제 밤새 미드 봤거든요.

[네. 어제 밤새 미드 받꺼든뇨*.]

캐시: 아무리 재밌어도

[아무리 재미써도]

밤새 보느라고 잠 못 자면 피곤하잖아요.

[밤새 보느라고 잠 몯짜면 피곤하자나요.]

석진: 아, 저는 일단 보기 시작하면

[아, 저는 일딴 보기 시자카면]

한 시간 자고 출근하는 한이 있더라도

[한 시간 자고 출근하는 하니 읻떠라도]

끝까지 봐야 돼요.

[끋까지 봐야 돼요.]

사실 출근만 아니면 시즌 2, 3 계속 봤을 거예요.

[사실 출근만 아니면 씨즌 이, 삼 계속 봐쓸 꺼예요.]

* 거든요 is technically pronounced [거드뇨], but most people pronounce it [거든뇨].

Cassie: Seokjin, didn't you get enough sleep last night? I saw you kept dozing off.

Seokjin: No, I watched an American TV show all night.

Cassie: No matter how entertaining it is, if you don't get enough sleep because you watched it all night, you are bound to be tired.

Seokjin: For me, once I start watching a drama, I have to finish it, even if that means I can only sleep one hour before going to work. Actually, I would have kept watching seasons 2 and 3 if it had not been for work.

Lesson 21

Section I - Fill in the Blank

1. 좋은데   2. 굴려 봐도   3. 깨질 것처럼

4. 복잡해요   5. 스쳤어요   6. 커서

Section II - Reading Comprehension

<Translation>

Column >

[Kyung-hwa Sun Column]

Spacing out works when you can't think straight.

The brain can also get tired...
Spacing out is important

Kyung-hwa Sun, TTMIK University Professor
February 1st, 20XX, 08:30

These days, spacing out is a thing. "To space out" is a coined word that means "to not think about anything" and that your mind is blank. Therefore, you cannot see this word in the dictionary yet, but it's often being used. These days, more people are getting interested in spacing out so much that there is a spacing out contest.

We act and think every day. Also, we use our brain when we act and think. There are a few moments when we don't do any actions or don't think about anything. Even if we often say we have a splitting headache, _____ ⓛ _____, or our head is full of concerns because of the worries about the future, we don't really rest. Especially these days, we do something with our smartphones even when we rest, so our brain is still working.

Not only can our body get tired, but also our brain can get tired. Therefore, for the sake of our brain health, we need to give our brain some rest. The fact that more people are getting interested in

spacing out these days means that people can't have spacing out moments as often. When our brain _____ ⓔ _____ while studying or working, let's try having a spacing out moment. We will be able to feel that our efficiency in studying or working is improving.

7. c   8. b   9. d   10. a   11. c

Section III - Listening Comprehension

<Transcript>

a. 여자: 이렇게 무거운 걸 어떻게 옮겼어?

b. 여자: 수업에 늦을 것 같아. 교수님이 나 찾으면 화장실 갔다고 해 줘.

c. 여자: 우와, 이 퍼즐 어떻게 풀었어? 나도 알려 줘.

a. Woman: How did you move this heavy thing?

b. Woman: I think I'll be late for class. If the professor looks for me, please tell him that I'm in the restroom.

c. Woman: Wow, how did you solve this puzzle? Tell me.

12. b

Section IV - Dictation

13. 머리가 잘 안 돌아가네   14. 머리가 깨질 것 같아

Section V - Speaking Practice

다혜: 나 잠깐 바람 좀 쐬고 올게. 머리가 잘 안 돌아가네.

    [나 잠깐 바람 좀 쐬고 올께. 머리가 잘 안 도라가네.]

예지: 또? 너 일하기 싫어서 그러지? 잔머리 굴리지 마.

    [또? 너 일하기 시러서 그러지? 잔머리 굴리지 마.]

다혜: 아니야!

    [아니야!]

어제 잠을 많이 못 자서 진짜 머리가 깨질 것 같아.

[어제 자믈 마니 몯짜서 진짜 머리가 깨질 껃 가타.]

예지: 알겠어. 그럼 좀 쉬다가 와.

[알게써. 그럼 좀 쉬다가 와.]

Dahye: Let me go get some air. It feels like my brain has stopped working.

Yeji: Again? You just don't want to work, huh? Stop trying to find ways to work less.

Dahye: No! I have a splitting headache because I didn't get enough sleep last night.

Yeji: Okay then. Get some rest.

Lesson 22

Section I - Complete the Sentence

1. 상경　　2. 상공　　3. 정상　　4. 조상
5. 사상　　6. 세상　　7. 상위권　　8. 상반기

Section II - Reading Comprehension

<Translation>

The Fastest way to the top, TTMIK Academy

1. Best teachers

Math Teacher: Hyunwoo Sun	Math Teacher: Kyeong-eun Choi	Math Teacher: Kyung-hwa Sun
Science Teacher: Jooyeon Park	Science Teacher: Yeji Kim	Science Teacher: Seung-wan Yu

2. 800 out of 1,000 students got grades in the top 5% in the first half of this year at school.

*na Kim from XX High School

*bae Moon from XX High School

*ju Kim from XX High School

*hye Seok from XX High School

*jeong Lee from XX High School

*yeon Lee from XX High School

*ru Kang from XX High School

*ram Han from XX High School

∙
∙
∙

3. Best environment for students

- Rooftop Garden
- Yummy Snacks
- 24-Hour Library
- Cafeteria Where You Can Have Breakfast/ Lunch/Dinner

9. d　　10. a　　11. d

Section III - Listening Comprehension

<Transcript>

다음은 김예림 님의 사연입니다.

"안녕하세요, 은정 님. 저는 스물다섯 살 김예림이라고 해요. 저는 원래 제주도 사람인데, 회사 때문에 작년부터 서울에 살고 있어요. 서울에서 회사를 다니게 됐을 때 처음에는 정말 기뻤어요. 그런데 막상 서울로 상경하니까 힘든 것도 많고, 외로울 때가 많아요. 저는 업무상 하루 종일 사무실에만 있어야 해서 더 그런 것 같아요. 점심시간에 도시락 들고 옥상에 올라가서 은정 님 라디오를 듣는 그 시간이 하루 중 가장 행복한 시간이에요. 은정 님 라디오가 저한테 큰 힘이 돼요. 감사합니다."라고 사연 보내 주셨어요.

예림 님, 저희 프로그램을 사랑해 주셔서 감사합니다. 예림 님의 사연을 읽으니까 제가 처음 라디오를 시작했을 때가 생각나네요. 저도 예림 님처럼 외롭고 힘든 날이 많았어요. 그런데 그런 날일수록 더 많이 웃으려고 하고, 밥도 더 잘 먹으니까 조금 힘이 나더라고요. 예림 님, 힘내세요!

Next up, it's a message from Yerim Kim.

They sent in a story that said, "Hello, Eunjeong. I'm 25 years old and named Yerim Kim. I'm originally from Jeju Island, but I've been living in Seoul since last year because of work. When I first got to work at a company in Seoul, I was really excited. However, now that I'm actually up here in Seoul, there are a lot of struggles and times when I feel lonely. I think it's especially more so because I have to stay only in the office all day long on business. At lunchtime, the time when I take my lunch, go up to the rooftop, and listen to your radio show is the happiest time of my day. Your radio show gives me a lot of strength. Thank you."

Yerim, thank you for loving our show. Now that I read your story, it reminds me of the days when I first started radio. I also went through a lot of lonely and tough days. However, the more so, the more I tried to smile and eat more, so I gained strength. Yerim, keep your strength up!

12. a, b, e

Section IV - Dictation

13. 정상에   14. 사상 처음   15. 상반기에

Section V - Speaking Practice

주연: 그거 들었어요? 최경은 선수가 세계 랭킹 1위래요.
　　　[그거 드러써요? 최경은 선수가 세계 랭킹 이뤄래요.]
예지: 우와! 우리나라 피겨 선수가 세계 정상에 오른 건
　　　[우와! 우리나라 피겨 선수가 세계 정상에 오른 건]
　　　사상 처음 아니에요?
　　　[사상 처으마니에요?]
주연: 맞아요.
　　　[마자요.]
　　　상반기에 부상으로 쉬어서 걱정했는데,
　　　[상반기에 부상으로 쉬어서 걱쩡핸는데,]
　　　진짜 대딘힌 깃 같아요.
　　　[진짜 대단한 걸 가타요.]

Jooyeon: Did you hear that Kyeong-eun Choi ranked first in the world?

Yeji: Wow! Isn't this the first time in history a Korean figure skater has topped the world rankings?

Jooyeon: That's correct. I was worried because she was injured and had to rest for the first half of the year. She's so amazing.

Lesson 23

Section I - Complete the Dialogue

1. 차라리 밖에 나가서 먹고 오는 게 낫겠네요.
2. 좀 더 알아보는 게 좋을 것 같아요.
3. 아니면 그냥 이 옷 입고 갈까요?
4. 어떻게 생각하세요?
5. 그러면 행사를 연기할까요?
6. 제안드리고 싶은 게 있습니다.

Section II - Reading Comprehension

<Translation>
Kyung-hwa Sun @kyunghwa***
January 2nd, 20XX, 21:39

My friend who I like most will graduate in February. What would she like as a gift? I'm thinking of giving her books. What do you think?

Sohee: Books? I think it would be better to rather not give any gift.
└ Kyung-hwa: What? Why?
└ Sohee: Who reads books these days? I don't think she will be very happy to receive them. I think it will be good to think more about it.
└ Kyung-hwa: Do you think she won't like them? ㅠㅠ I guess I should think a little more about it.
Dahye: What does your friend usually like?

└ Kyung-hwa: She likes to take pictures and watch movies.

└ Dahye: Then how about giving her a camera?

└ Kyung-hwa: I think she already has a lot of cameras.

└ Dahye: Maybe you're right. Oh, I have a good idea. If so, how about giving your friend what she doesn't have? Because I gave my friend who doesn't have a watch one as a graduation gift. She liked it.

└ Kyung-hwa: Oh, my friend also doesn't have a watch... I think I should buy her a watch as well! Thanks!

7. b   8. d   9. c

Section III - Listening Comprehension

<Transcript>

여자: 현우 씨, 우리 내일 큰 회의실에서 회의할까요? 아니면 더 큰 장소를 찾아볼까요?

남자: 그냥 작은 회의실에서 회의하죠.

여자: 네? 작은 회의실이요? 큰 회의실에서 해도 좁을 것 같은데요?

남자: 그래요? 아, 저한테 좋은 생각이 있어요. 큰 회의실에 있는 책상을 다 빼고, 의자만 두는 거 어때요?

여자: 네? 회의할 때 책상 없으면 너무 불편할 것 같아요. 그럴 거면 차라리 자기 자리에 앉아서 회의하는 게 낫겠어요.

Woman: Hyunwoo, shall we have a meeting in the big meeting room tomorrow? Or shall I try looking for a bigger place?

Man: Let's just have a meeting in the small meeting room.

Woman: Sorry? In the small meeting room? I think it's going to be small even if we do it in

the big meeting room.

Man: You think? Oh, I have a good idea. How about taking all the desks from the big meeting room and leaving just the chairs?

Woman: Sorry? I think it will be too inconvenient if we don't have desks during the meeting. If you're going to do that, it would be better to have a meeting while sitting in our own chairs.

10. F   11. T   12. F   13. T

Section IV - Dictation

14. 어떻게 생각하세요   15. 괜찮을 것 같아요

Section V - Speaking Practice

경화: 요즘 운동을 시작해 볼까 생각 중이에요.

[요즘 운동을 시자캐 볼까 생각 중이에요.]

주연: 어떤 운동이요?

[어떤 운동이요?]

경화: 수영을 해 볼까 하는데, 어떻게 생각하세요?

[수영을 해 볼까 하는데, 어떠케 생가카세요?]

주연: 복싱을 해 보는 건 어때요?

[뽁씽*을 해 보는 건 어때요?]

제가 해 봤는데 너무 좋더라고요.

[제가 해 반는데 너무 조터라고요.]

체육관이 여기서 가까우니까

[체육꽈니 여기서 가까우니까]

일단 한번 해 보고 결정하는 것도 괜찮을 것 같아요.

[일딴 한번 해 보고 결쩡하는 건또 괜차늘 껃 가타요.]

* There are no standard pronunciations for loanwords. Some people pronounce it as [뽁씽], and some people pronounce it as [복씽].

Kyung-hwa: These days, I am thinking I might start exercising.

Jooyeon: What kind of exercise?

Kyung-hwa: I'm thinking of swimming. What do you think?

Jooyeon: What about boxing? I tried it and loved it. The gym is really close to here, so it would be a great idea to give it a try and then decide.

Lesson 24

Section I - Fill in the Blank

1. 감사할 따름
2. 속상할 따름
3. 놀라울 따름
4. 죄송할 따름
5. 답답할 따름
6. 부끄러울 따름

Section II - Reading Comprehension

<Translation>
Hello, sir.

I did not really think you would email me like this. I am just surprised and grateful.

The weather is really warm in Spain. It's still very cold in Korea, right?

It's still really unbelievable that I'm teaching Korean in Spain and working to introduce Korean culture. The fact that I managed to not give up on my dream is all thanks to you. Thank you.

Sir, do you remember what you said after receiving the Korean Education Award? You said, "I just did what I had to do." While looking at you, who was humble even though you received a big award, I thought that I wanted to become like you.

Sir, I really want to see you as soon as possible, but I think I will be able to come to Korea until after what I'm doing now is over. I'm just upset because I cannot call on you for a long time. Please stay healthy until I come to Korea!

7. 놀랍고 감사할 따름입니다.   8. a, d   9. c

Section III - Listening Comprehension

<Transcript>
a. 남자: 비 때문에 행사가 취소됐다고 들었어요.
   여자: 네, 맞아요. 1년 동안 준비했는데... 기쁠 따름이에요.
   Man: I heard that the event got canceled because of the rain.
   Woman: Yes, that's right. I prepared for a year... All I can say is that I'm happy.

b. 남자: 비 때문에 행사가 또 취소됐대요.
   여자: 네? 정말 당황스러울 따름이네요.
   Man: People say that the event got canceled again because of the rain.
   Woman: What? I'm just really baffled.

c. 남자: 비 때문에 행사가 취소됐어요?
   여자: 네. 후회할 따름이에요.
   Man: Did the event get canceled because of the rain?
   Woman: Yes. All I can say is that I regret it.

10. b

Section IV - Dictation

11. 놀라울 따름이네요   12. 감사할 따름이죠

Section V - Speaking Practice

진행자 1: 저희 방송이 곧 10주년을 맞이합니다!
   [저히 방송이 곧 십쭈녀늘 마지함니다!]
진행자 2: 우와! 이 프로그램을 처음 시작한 게 엊그제 같은데
   [우와! 이 프로그래믈 처음 시자칸 게 얻끄제 가튼데]
   벌써 10년이 지났다니 놀라울 따름이네요.
   [벌써 심녀니 지낟따니 놀라울 따르미네요.]
진행자 1: 맞아요.
   [마자요.]

이렇게 오랫동안 사랑해 주신 시청자 여러분께
[이러케 오랜똥안 사랑해 주신 시청자 여러분께]
감사할 따름이죠.
[감사할 따르미조.]

진행자 2: 시청자 여러분들의 사랑에 보답할 수 있도록
[시청자 여러분드레 사랑에 보다팔 쑤 읻또록]
저희는 앞으로도 최선을 다하겠습니다.
[저히는 아프로도 최서늘 다하겓씀니다.]

MC1: The 10th anniversary of our TV program is around the corner!

MC2: Wow! All I can say is it's surprising that it has already been almost 10 years since this program first aired, which feels like just yesterday to me.

MC1: Right. We are just so grateful to all the viewers who have given a lot of support to this show for so long.

MC2: We promise you that we will keep doing our best to repay your support.

Lesson 25

Section I - Complete the Dialogue

1. d   2. b   3. c   4. a   5. b   6. d

Section II - Reading Comprehension

<Translation>

Column >

[Duru Kang Column] Dogs wag their tail only when they are excited?

_____㉠_____.

Duru Kang, TTMIK University Professor
October 20th, 20XX, 07:20

If you walk around the streets these days, you can often bump into people who are walking with their dog. You can also often see walking dogs that wag their tail at the people who are walking by. Do dogs keep their tail high and wag them because they are glad to see the people who are walking by?

A lot of people think that dogs wag their tail when they are excited, but it is not exactly like that. Of course, shaking their hips and tail like they are dancing means that they are very excited and happy to see you. However, if dogs put their tail in an upright position and then sway or wag their tail to the left, they are standing guard. You have to be careful if you meet dogs like this.

Actually, if the dog is not your pet, it's hard to tell if they are excited to see you or standing guard. Therefore, when the dog is not your pet or one you are close with, it is good to be careful without question.

7. b   8. c   9. d

Section III - Listening Comprehension

<Transcript>

여자: 십만 원입니다.

남자: 구만 원 아니에요? 지금 전 상품 10% 할인하고 있다고 들었는데요.

여자: 손님, 죄송합니다. 할인은 어제 끝났어요.

남자: 오늘 10월 14일 아니에요? 어제부터 할인 시작이라고 문자가 왔어요.

여자: 뭔가 잘못 알고 계신 것 같아요. 문자 좀 보여 주시겠어요?

남자: 네, 여기요.

여자: 손님, '13일까지'라고 되어 있는 걸 잘못 보신 것 같아요.

남자: 아, 그렇구나. 죄송해요! 제가 잘못 봤네요.

여자: 아닙니다.

남자: 혹시 또 언제 할인을 하는지 알 수 있을까요?

여자: 12월에 할 것 같은데, 아직 날짜가 확실히 정해진 건 아니에요. 그래서 12월에 다시 확인해 주셔

야 할 것 같아요.

남자: 네, 알겠습니다.

Woman: It's 100,000 won.

Man: Isn't it 90,000 won? I heard that all products are 10% off now.

Woman: I'm sorry, sir. The sale was over yesterday.

Man: Isn't it October 14th today? I received a text that said the sale started yesterday.

Woman: I think you are mistaken about something. Could you please show me the text?

Man: Yes, here it is.

Woman: Sir, I think you misread "until the 13th."

Man: Oh, I see. Sorry! I misread it.

Woman: No problem.

Man: Can you possibly tell me when the next sale starts?

Woman: I think there will be a sale in December, but the date hasn't been decided for sure yet. So I think you will need to check in December again.

Man: Okay, I got it.

10. d   11. b

Section IV - Dictation

12. 절대 그럴 리가 없어요   13. 그건 아닌 것 같아요

Section V - Speaking Practice

석진: 현우 씨가 저를 굉장히 싫어하는 것 같아요.

[허누 씨가 저를 굉장히 시러하는 걷 가타요.]

캐시: 네? 말도 안 돼요. 절대 그럴 리가 없어요.

[네? 말도 안 돼요. 절때 그럴 리가 업써요.]

왜 그렇게 생각해요?

[왜 그러케 생가캐요?]

석진: 현우 씨가 제 전화만 안 받는 것 같아서요.

[허누 씨가 제 전화만 안 반는 걷 가타서요.]

캐시: 그건 아닌 것 같아요. 제 전화도 항상 안 받거든요.

[그거나닌 걷 가타요. 제 전화도 항상 안 받꺼든뇨*.]

* 거든요 is technically pronounced [거드뇨], but most people pronounce it [거든뇨].

Seokjin: I think Hyunwoo really hates me.

Cassie: What? No way. That can't be true. What made you think that?

Seokjin: He never answers my calls.

Cassie: I don't think that's the case. He never answers my calls either.

Lesson 26

Section I - Comprehension

1. b   2. c   3. d   4. b   5. a   6. d

Section II - Reading Comprehension

<Translation>

I live with my friend in front of school. My friend is the person who studies the hardest among the people I know. She goes to the library at 7 in the morning after studying until 3 or 4 AM every day. Even if she does it that way, she doesn't feel tired. She says she has grown used to studying until dawn, and she is fine even though she sleeps only a little because she is strong.

Last week, while I was studying for an exam with her, I was about to go to bed at 1 AM, but she said this.

"Are you going to bed already? I heard that this upcoming exam will be really difficult. Let's study more."

I couldn't sleep after I listened to her, so I studied with her and then went to bed at 4 AM. And the next day, I caught a cold.

It has been a week, but I still have a cold, so I went to the hospital today. The doctor at the hospital said, "Did something happen? Don't overexert yourself too much."

What I did was just go to bed late one day... I think I should never go to bed late from now on.

7. d　　8. b　　9. c

Section III - Listening Comprehension

<Transcript>
남자: 은정 씨, 그렇게 몸이 약해서 어떡해요. 운동 좀
하세요.
여자: 어? 저 운동 시작했어요! 바디 프로필 사진 찍을
거거든요.
남자: 정말요? 운동 시작한 건 잘했는데, 너무 무리하
지 마세요. 요즘 바디 프로필 사진 때문에 몸을
망치는 사람들이 많대요.
여자: 네? 석진 씨가 잘못 알고 있는 거 아니에요? 운동
을 열심히 해서 근육을 만든 다음에 사진 찍는 건
데, 어떻게 몸을 망쳐요?
남자: 갑자기 무리해서 운동을 하고, 영양소도 불균형
하게 먹으니까 오히려 몸이 안 좋아질 수 있대요.
여자: 와, 전혀 몰랐어요. 저는 몸이 튼튼해질 줄 알
고 몸을 만들려고 했던 건데, 다시 생각해 봐야
겠어요.

Man: Eunjeong, you're so weak. What should we
do about it? Do some exercise.
Woman: Eh, I started to exercise because I'm going
to get my body profile picture taken.
Man: Really? Well done for starting exercising, but
don't overdo it. I heard that there are a lot of
people who ruin their health because of body
profile pictures.
Woman: Sorry? Isn't it that you're wrong about
it? It's to take a picture after you exercise
hard and build muscle. How does one ruin
their health?
Man: You exercise too hard all of a sudden, and you
also get imbalanced nutrition, so instead you
can become unhealthy apparently.
Woman: Wow, I had no idea. I thought I would

become healthy, so I was going to build
up my body. I think I should think again
about it.

10. T　　11. F　　12. F　　13. T

Section IV - Dictation

14. 몸이 약한데
15. 그렇게 몸을 혹사시키는 건
16. 조금 몸을 사릴 필요가

Section V - Speaking Practice

동근: 예림 씨는 몸이 약한데
[예림 씨는 모미 야칸데]
왜 그렇게 운동을 심하게 해요?
[왜 그러케 운동을 심하게 해요?]
예림: 몸이 약하니까 몸을 튼튼하게 만들기 위해서 하죠.
[모미 야카니까 모믈 튼튼하게 만들기 위해서 하조.]
그리고 운동하는 김에 몸도 만들고 싶어서요.
[그리고 운동하는 기메 몸도 만들고 시퍼서요.]
동근: 그래도 그렇게 몸을 혹사시키는 건 좋지 않아요.
[그래도 그러케 모믈 혹싸시키는 건 조치 아나요.]
오히려 몸을 망치는 지름길이에요.
[오히려 모믈 망치는 지름끼리에요.]
예림: 정말요?
[정마료*?]
동근: 네. 조금 몸을 사릴 필요가 있을 것 같아요.
[네. 조금 모믈 사릴 피료가 이쓸 껃 가타요.]

* Native speakers often pronounce 정말요 as [정말
료] as well.

Dong-geun: Why do you always work out so much
even though your body is weak?
Yealim: Because I am weak, I work out so that I can
get stronger. While I am working out, I also
want to get fit.
Dong-geun: But it's not good to overwork yourself
like that. You could wind up ruining your
health.

Yealim: Really?

Dong-geun: Of course. I think you need to go easy on your body.

Lesson 27

Section I - Complete the Dialogue

1. c   2. a   3. d   4. b   5. c   6. d

Section II - Reading Comprehension

<Translation>

Emma

October 10th, 20XX, 15:32

We have a new designer who got in last month. She's nice as well as good at her job, so I wanted to get close to her quickly, but I couldn't yet. I'm not usually good at talking, so I don't really know what to say.

Eunkyeong: She's a designer? If she's into clothes, I think she'll be pleased if you say

"_____㉠_____" to her.

  └ Emma: It'll be okay even if I, who can't dress well, say that compliment, won't it? ^^;

  └ Eunkyeong: Fine. You can say it like this, "I want to dress well like you."

  └ Emma: Oh, that's not a bad idea! Thanks!

Jason: I heard that Korean people like to look young. How about telling her "You look at least 10 years younger"?

  └ Emma: Haha, you can use that expression to old people. Maybe saying it like that to young people might not be a compliment.

  └ Jason: Really? I didn't know. I almost made a mistake.

Kyung-hwa: In my opinion, it will be the best to compliment naturally. If you com-

pliment out of the blue, it will be awkward. I think it will also be good to say, "You are really good at your job" naturally while you are working with her.

  └ Emma: Right. I also found it difficult to say a compliment all of a sudden. Thanks, Kyung-hwa!

7. c   8. b   9. a

Section III - Listening Comprehension

<Transcript>

여자: 안녕하세요. 미국에서 온 요리사 소피아입니다.

남자: 안녕하세요. 소피아 씨는 이번에 한국에 처음 오셨는데, 한국 요리를 어떻게 이렇게 잘하세요?

여자: 감사합니다. 사실 저희 어머니께서 한국 분이세요. 그래서 어렸을 때부터 집에서는 항상 한국 음식을 먹었어요.

남자: 저는 어렸을 때부터 집에서도 밖에서도 항상 한국 음식만 먹었는데, 소피아 씨보다 훨씬 한국 음식 못 만드는데요? 소피아 씨는 정말 대단하신 것 같아요.

여자: 어머니께서 잘 가르쳐 주셨어요.

남자: 아! 어머니한테서 요리를 배우신 거예요?

여자: TTMIK 요리 학교에 가기 전까지는요. 여덟 살 때부터 배우기 시작해서 요리 학교에 가기 전까지 12년 동안 어머니한테 요리를 배웠어요.

남자: _____

Woman: Hello. I'm Sophia who came from America, and I'm a cook.

Man: Hello. This is the first time you have come to Korea, but how are you so good at making Korean dishes?

Woman: Thank you. Actually, my mother is Korean, so I've always had Korean food at home since I was young.

Man: I've always had Korean food at home and out

since I was young, but I'm much worse at making Korean food than you. You're really inspiring.

Woman: My mother taught me well.

Man: Oh, you learned how to cook from your mother?

Woman: Until I went to TTMIK cooking school. I started to learn when I was eight, and I learned from my mother for 12 years until I went to cooking school.

Man: _____

10. b   11. d

Section IV - Dictation

12. 어떻게 그렇게 한국어를 잘하세요

13. 정말 대단하신 것 같아요

Section V - Speaking Practice

알렉스: 캐시 씨, 어떻게 그렇게 한국어를 잘하세요?

　　　　[캐씨 씨, 어떠케 그러케 한구거를 잘하세요?]

캐시: 한국 문화를 좋아해서

　　　[한궁 문화를 조아해서]

　　　자연스럽게 언어도 공부했어요.

　　　[자연스럽께 어너도 공부해써요.]

알렉스: 너무 부러워요. 혼자 공부하셨어요?

　　　　[너무 부러워요. 혼자 공부하셔써요?]

캐시: 네. 제가 사는 동네에는 한국어 가르치는 곳도 없고,

　　　[네. 제가 사는 동네에는 한구거 가르치는 곧또 업꼬,]

　　　한국어 공부하는 사람들도 거의 없거든요.

　　　[한구거 공부하는 사람들도 거이 업꺼든뇨*.]

알렉스: 우와, 정말 대단하신 것 같아요.

　　　　[우와, 정말 대단하신 건 가타요.]

* 거든요 is technically pronounced [거드뇨], but most people pronounce it [거든뇨].

Alex: Cassie, how are you so good at Korean?

Cassie: I love Korean culture, so I naturally just studied the language too.

Alex: I am so jealous. Did you teach yourself?

Cassie: Yes, there is no place to learn Korean in my town, and also there are not many people studying Korean.

Alex: Wow! You are so amazing.

Lesson 28

Section I - Complete the Sentence

1. 아직도 모르겠다고 합니다

2. 계속 피곤해요

3. 물가가 계속 상승하고 있습니다

4. 너무 재미있었어요

5. 약속에 늦었어요

6. 시험을 망쳤어요

Section II - Comprehension

7. d   8. b   9. c   10. a   11. b

Section III - Reading Comprehension

<Translation>

TTMIK TIMES

Swimming Seokjin Jin, On His Third Attempt, Olympic Gold

"Even though a lot of you supported me, I failed to win a medal, so I am sorry. In the next Olympics, I will definitely come back hanging a gold medal around my neck," said Seokjin Jin at the Olympics four years ago. And four years later today, Seokjin Jin kept his promise. Seokjin Jin (33) hung the gold medal around his neck in the freestyle 100m race today.

This Olympics is the last Olympics which Seokjin Jin will participate in. Seokjin Jin, got attention from the world by ranking 5th at the Olympics eight years ago, which is when he participated in the

Olympics for the first time. However, at his second Olympics four years ago, he drifted apart from the Olympic gold medal by ranking 12th.

Despite all that, he did not give up and continued to challenge himself. While he was preparing for the Olympics, he cut off all communication, and he practiced for 14 hours every day. And today, on his third attempt, he finally won a gold medal at the Olympics. After the game, he said thank you to the people for believing in him and waiting even though he could not get a good result at the last Olympics.

12. 응원을 많이 해 주셨는데도 불구하고 메달을 따지 못
해 죄송합니다.

13. b

14. 은정

Section IV - Listening Comprehension

\<Transcript\>

바쁘신데도 불구하고, 이렇게 와 주셔서 감사합니다. 대회는 두 시간 동안 진행될 예정이고요. 1부와 2부로 나눠서 진행하는데, 1부와 2부 사이에는 10분 동안의 쉬는 시간이 있을 예정입니다. 1부는 10시부터 10시 50분까지 50분 동안 진행하고, 열 명의 학생이 발표 합니다. 2부는 12시까지 진행하고, 열 명의 학생이 발 표할 예정입니다.

오늘의 주제는 '한국어를 배우기 시작한 이유'입니다. 제가 방금 대기실에 있는 학생들을 보고 왔는데요. 많 이 긴장했더라고요. 열심히 준비했는데도 불구하고, 너무 긴장해서 발표 내용을 잊어버릴 수 있으니까, 여 러분들이 큰 소리로 응원해 주시면 감사하겠습니다. 그 럼 지금부터 한국어 말하기 대회를 시작하겠습니다.

Thank you for taking time to come here even though you're busy. The contest is scheduled to be held for two hours. It consists of part 1 and 2, and

between the two parts, there will be 10-minute recess. Part 1 will be held for 50 minutes from 10:00 to 10:50, and 10 students will give a speech. Part 2 will be held until 12 o'clock, and 10 students are scheduled to give a speech.

Today's topic is "The Reason Why I Started to Learn Korean." I've just been to the waiting room to see the students. They were so nervous. They can get so nervous that they can forget what to say even though they prepared a lot, so I'll appreciate it if you all cheer them on loudly. Then, from now on, the Korean speech contest will begin.

15. a   16. d

Section V - Dictation

17. 뒤늦게 초대했는데도

18. 맛있는 거 많이 먹고

Section VI - Speaking Practice

주연: 경은 언니, 승완 씨가 몸이 안 좋은데도 불구하고
[경으년니, 승완 씨가 모미 안 조은데도 불구하고]
여기까지 와 줬어요.
[여기까지 와 줘써요.]

경은: 승완 씨, 뒤늦게 초대했는데도 와 줘서 정말 고마워요.
[승완 씨, 뒤늗께 초대핸는데도 와 줘서 정말 고마워요.]
몸은 괜찮아요?
[모믄 괜차나요?]

승완: 네, 괜찮아요. 초대해 주셔서 감사합니다.
[네, 괜차나요. 초대해 주셔서 감사함니다.]

경은: 아니에요. 제가 감사하죠.
[아니에요. 제가 감사하조.]
맛있는 거 많이 먹고 재밌게 놀다 가요.
[마신는 거 마니 먹꼬 재믿께 놀다 가요.]

Jooyeon: Kyeong-eun, Seung-wan has come all the
way here even though he isn't feeling well.

Kyeong-eun: Seung-wan, thank you so much for
coming despite my belated invitation.

Are you alright?

Seung-wan: Yes, I am okay. Thanks for having me.

Kyeong-eun: My pleasure. Help yourself, and I hope you have a lot of fun here.

Lesson 29

Section I - Complete the Dialogue

1. a   2. b   3. d   4. c   5. d   6. b

Section II - Reading Comprehension

<Translation>

Today, a friend of mine passed the exam she prepared for over two years. As soon as I got the message saying she had passed, I called her. "I'm so happy about it. Congratulations!" (ⓐ   ) After she listened to me and said, "Thanks. I'm so happy that I passed this time. I think I can finally sleep peacefully." (ⓑ   ) That's because my friend is the most positive person among the people I know. She is always smiling, and she does not get sad or suffer no matter how hard of a situation she is in. Even when nothing is happening, she often says, "For some reason, I think something good will happen today. I have a good feeling about this." When she was in college, she used to do a lot of part-time jobs. Even though she had to run to her part-time job place as soon as she was done with her classes, she never got tired. Rather, she was a bright person who said she was excited. That is why I did not know at all that she was having a hard time and could not sleep well while she was preparing for the exam. I felt bad because I felt like I could not be a big support for her. (ⓒ   ) I am so happy that she passed the exam, and I hope only good things happen to my friend from now on as well. (ⓓ   )

7. c   8. b   9. d

Section III - Listening Comprehension

<Transcript>

10. A: 내일 소풍 가요?

A: Are you going on a picnic tomorrow?

11. A: 미국에 간 동생한테 잘 도착했다고 연락 왔어요?

A: Have you heard from your younger brother/sister that he/she arrived in America safely?

12. A: 지나 씨, 생일 선물로 컴퓨터 받았어요?

A: Jina, did you get a computer as a birthday present?

10. a   11. b   12. a

Section IV - Dictation

13. 꿈인지 생시인지

14. 날아갈 것 같은 기분이에요

Section V - Speaking Practice

두루: 다혜 씨, 취업했어요?

[다혜 씨, 취어패써요?]

다혜: 네! 제일 가고 싶었던 회사에 취업했어요.

[네! 제일 가고 시펃떤 회사에 취어패써요.]

이게 꿈인지 생시인지 모르겠어요.

[이게 꾸민지 생시인지 모르게써요.]

두루: 정말요? 진짜 너무 잘됐다!

[정마료*? 진짜 너무 잘됃따!]

다혜: 감사해요. 정말 날아갈 것 같은 기분이에요.

[감사해요. 정말 나라갈 껃 가튼 기부니에요.]

* Native speakers often pronounce 정말요 as [정말료] as well.

Duru: Dahye, did you land a job?

Dahye: Yes! I got into the company I wanted the most. I don't know whether this is a dream or reality.

Duru: Really? I'm so glad to hear that.

Dahye: Thank you. I am so happy that I feel like I could fly.

Lesson 30

Section I - Comprehension

1. c   2. b   3. d   4. a   5. d   6. d

Section II - Complete the Dialogue

<Translation>

Jooyeon: Hyunwoo, it is already 10 o'clock. You are not going home?

Hyunwoo: You go first. I will leave after doing more preparation for the party.

Jooyeon: Are there still a lot of things to do?

Hyunwoo: Yes. I need to make a bouquet and finish up making a video as well.

Jooyeon: Are you saying you are making a bouquet? How about buying one from a flower shop instead of making it yourself?

Hyunwoo: I went to a flower shop in the morning, but they did not sell small bouquets. I can make one quickly.

Jooyeon: How about finishing up making the video tomorrow morning instead of trying to finish all the things today before you go home?

Hyunwoo: I think I will do that. Since they say they are showing people the video in the evening anyway, it will be okay to finish up tomorrow morning, right?

Jooyeon: Sure. Go home after just making a bouquet. Let me help.

Hyunwoo: Really? Thanks. We can make it as it is written in the book here.

Jooyeon: Okay. By the way, you seem to have done all the work by yourself.

Hyunwoo: No. I just finished up what other people have almost completed.

Jooyeon: Next time, we had better start preparing for the party earlier so that we are not preparing until the night before the party like this.

Hyunwoo: Right. Thanks for helping me, Jooyeon.

7. 사는 건 어때요

8. 가려고 하지 말고

9. 보여 준다고 하니까

10. 쓰여 있는 대로

11. 했을 뿐이에요

12. 시작하는 게 좋을 것 같아요

Section III - Listening Comprehension

<Transcript>

여자: TTMIK 뉴스입니다. 이번 소식은 많은 분들이 좋아하실 만할 소식입니다. 오늘 국회 회의에서 하반기에 쉬는 날을 더 늘리자는 이야기가 나왔다고 합니다. 진석진 기자입니다.

남자: 7월부터 12월까지 토요일, 일요일을 빼면 쉬는 날이 하루도 없다는 사실, 모두 알고 계셨을 것 같은데요. 오늘 국회 회의에서, 공휴일이 주말과 겹치는 일이 생기면, 금요일이나 월요일을 쉬는 날로 하자는 이야기가 나왔습니다. 그렇게 되면 많은 분들이 바라셨던 대로, 하반기에 4일을 더 쉴 수 있습니다. 아직 확실히 결정된 것은 아니고, 17일에 최종적으로 결정된다고 하니까, 아직은 휴가를 계획하지 마시고, 기다리시는 게 좋을 것 같습니다.

Woman: This is TTMIK News. This news story is news that a lot of people will probably like. Today, at the meeting of the National Assembly, they say that they talked about increasing the number of days off within the second half of this year. Reporter, Seokjin Jin!

Man: I think you all know the fact that there are no days off except for Saturdays and Sundays from July to December. Today, at the meeting of the National Assembly, if a public holiday falls on the weekend, an idea of making the previous Friday or the following Monday a day off was brought up. If it happens, as a lot of people hoped, we can have four more days off in the second half of this year. It has not been definitely decided yet. Since they say they are going to get the last word on the 17th, rather than planning your vacation yet, you had better wait.

Kyung-hwa: I heard that it is going to be really cold tomorrow. Why did you reserve an outdoor restaurant?

Yeji: Huh? I just did what the director told me to do.

Kyung-hwa: Rather than having the company dinner there, why don't we have it somewhere else?

Yeji: Please ask the director, not me.

Kyung-hwa: Sir, they say that it is going to be really cold tomorrow, so I think we had better make reservations at a restaurant where we can eat indoors.

13. T   14. F   15. F   16. T

Section IV - Dictation

17. 하라는 대로   18. 회식하지 말고

19. 춥다고 하니까

Section V - Speaking Practice

경화: 내일 엄청 추울 거라고 들었는데
[내일 엄청 추울 꺼라고 드런는데]
왜 야외에서 먹는 식당으로 예약했어요?
[왜 야외에서 멍는 식땅으로 예야캐써요?]

예지: 네? 저는 부장님이 하라는 대로 했을 뿐이에요.
[네? 저는 부장니미 하라는 대로 해쓸 뿌니에요.]

경화: 거기서 회식하지 말고 다른 곳에서 하는 건 어때요?
[거기서 회시카지 말고 다른 고세서 하는 건 어때요?]

예지: 저 말고 부장님한테 물어보세요.
[저 말고 부장님한테 무러보세요.]

경화: 부장님, 내일 엄청 춥다고 하니까
[부장님, 내일 엄청 춥따고 하니까]
실내에서 먹을 수 있는 식당으로 예약하는 게
[실래에서 머글 쑤 인는 식땅으로 예야카는 게]
좋을 것 같아요.
[조을 껃 가타요.]

iOS

Android

TTMIK Book Audio App

Download our app TTMIK: Audio to listen to all the
book audio tracks conveniently on your phone!
The app is available for free on both iOS and
Android. Search for TTMIK: Audio in your app store.

Learn More Effectively with Our Premium Courses

Gain unlimited access to hundreds of video and audio lessons by
becoming a Premium Member on our website, https://talktomeinkorean.com!

Reading Comprehension: News In Korean

▶ 🔢 20   Added ⌄

Korean Folk Tales

🎧 🔢 30   Added ⌄

**Korean Snapshot (Real-Life Korean Text Ex
plained)**

▶ 🔢 20   Added ⌄